Pedro Calderón de la Barca

El escondido
y la tapada

Barcelona **2024**
Linkgua-ediciones.com

Créditos

Título original: El escondido y la tapada.

© 2024, Red ediciones S.L.

e-mail: info@linkgua.com

Diseño de cubierta: Michel Mallard.

ISBN tapa dura: 978-84-1126-282-8.
ISBN rústica: 978-84-9816-410-7.
ISBN ebook: 978-84-9897-225-2.

Sumario

Brevísima presentación

La vida

Pedro Calderón de la Barca. (Madrid, 1600-Madrid, 1681). España.

Su padre era noble y escribano en el consejo de hacienda del rey. Se educó en el colegio imperial de los jesuitas y más tarde entró en las universidades de Alcalá y Salamanca, aunque no se sabe si llegó a graduarse.

Tuvo una juventud turbulenta. Incluso se le acusa de la muerte de algunos de sus enemigos. En 1621, se negó a ser sacerdote, y poco después, en 1623, empezó a escribir y estrenar obras de teatro. Escribió más de ciento veinte, otra docena larga en colaboración y alrededor de setenta autos sacramentales. Sus primeros estrenos fueron en corrales.

Lope de Vega elogió sus obras, pero en 1629 dejaron de ser amigos tras un extraño incidente: un hermano de Calderón fue agredido y, al perseguir al atacante, entró en un convento donde vivía como monja la hija de Lope. Nadie sabe qué pasó.

Entre 1635 y 1637, Calderón de la Barca fue nombrado caballero de la Orden de Santiago. Por entonces publicó veinticuatro comedias en dos volúmenes y *La vida es sueño* (1636), su obra más célebre. En la década siguiente vivió en Cataluña y entre 1640 y 1642, combatió con las tropas castellanas. Sin embargo, su salud se quebrantó y abandonó la vida militar. Entre 1647 y 1649 la muerte de la reina y después la del príncipe heredero provocaron el cierre de los teatros, por lo que Calderón tuvo que limitarse a escribir autos sacramentales.

Calderón murió mientras trabajaba en una comedia dedicada a la reina María Luisa, mujer de Carlos II el Hechizado. Su hermano José, hombre pendenciero, fue uno de sus editores más fieles.

En esta comedia de enredo Don César ama a Lisarda pero rechazado por ésta galantea con Celia. Cierto día tras ver a Celia pasear con un hombre sale a su encuentro, lo mata y resulta que éste es el hermano de Lisarda. Abrumado, huye, pero una carta de Celia le obliga a volver. Ella le ofrece su casa para esconderse y entonces regresa de la guerra don Félix, hermano de Celia, alertado por un amigo de que el honor de su hermana puede estar en entredicho..

Personajes

Don César, galán
Don Félix, galán
Don Juan, galán
Don Diego, viejo
Octavio, viejo
Otáñez, escudero
Mosquito, gracioso
Castaño, gracioso
Gonzalo, cochero
Lisarda, dama
Celia, dama
Beatriz, criada
Inés, criada
Dos alguaciles
Escribano
Tres Criados

Jornada primera

(Salen haciendo algún ruido don César y Mosquito, vestidos de camino, con botas y espuelas.)

César

Pues no podemos entrar
en Madrid, hasta que sea
de noche ya, ata las mulas
a esos troncos; y sobre esta
tejida alfombra de flores
que bordó la primavera,
entre estos estanques donde
la Casa del Campo ostenta
tanta variedad podemos
esperar a que anochezca.

Mosquito

Ya están las mulas atadas;
y aun fuera más justo que ellas
nos ataran a nosotros.

César

¿Por qué?

Mosquito

Porque son más cuerdas.

César

Luego ¿los dos somos locos?

Mosquito

Concedo la consecuencia;
mas con una distinción.

César

¿Cuál?

Mosquito

Tú por naturaleza,
y yo por concomitancia;
que es por lo que se me pega

de andar contigo.

César   ¿Aquí, pues,
qué hay que locura sea?

Mosquito   ¡Cuerpo de Cristo conmigo!
Habrá tres meses apenas
que salimos de Madrid,
por haber dejado en ella
muerto a un noble caballero,
que era hermano, por más señas,
de una de aquellas dos damas
que a un mismo tiempo festejas,
y por celos de la otra;
que, como autor de comedias,
tienes en tu compañía
segunda dama y primera.
Pasamos a Portugal
y, porque en una estafeta
nos vino un pliego —que yo
aun no sé lo que contenga—
sin mirar inconvenientes,
dimos a Madrid la vuelta;
y dices que ¿qué locura
hay aquí? ¿No consideras
que no hay alcalde de corte
que no esté echando centellas
por aquella boca, y que
juran que hemos de ver puestas,
tú la cabeza a tus plantas,
las plantas yo a otras cabezas?

César   Confieso que dices bien
en que mi vida se arriesga

hoy en Madrid, pero donde
mi vida trae una pena
misma, habiendo de morir
en Lisboa de una ausencia
o en Madrid de mis desdichas,
ya que dos muertes me cercan
y que me dan a escoger
el modo de morir, deja
que muera contento donde
Lisarda hermosa lo vea.

Mosquito Yo, aunque el martirologio
romano aquí me trajeran,
para que escogiera muerte
a mi propósito, fuera,
sin agradarme ninguna,
vanísima diligencia,
porque no hay tan bien prendida
muerte que bien me parezca.
¿Qué culpa tengo de que
tú a morir contento vengas
para traerme de reata?

César Pues dime ¿tú qué recelas,
si tú en nada estás culpado
ni te hallaste en la pendencia?

Mosquito Pues si un triunfo matador
arrastra los que se encuentra,
¿un amo matador, dime,
no arrastrará —cosa es cierta—
cualquiera triunfo criado?

César ¡No vi locura más necia!

Mosquito	Y esto a una parte, señor,
	¿qué razón hay de que sea
	tan cerrado tu capricho
	que, ya que me traes, no sepa
	a qué me traes? Dime, pues,
	¿qué es lo que en Madrid intentas?
César	Eso te diré, no tanto,
	Mosquito, porque lo sepas,
	como por descansar yo
	con decirlo; que las penas
	no tienen otro consuelo
	sino el rato que se cuentan;
	que, como mujeres son,
	le despican con la lengua.
	Lisarda, raro milagro,
	donde la naturaleza
	para modelo compuso
	de una hermosura perfecta
	la belleza y el ingenio,
	haciendo paces en ella,
	que hasta allí estaban reñidos
	el ingenio y la belleza,
	fue —ya lo sabes— del templo
	de amor la deidad más bella,
	a cuyas aras no hay
	vida y alma que no sea
	mudo sacrificio. Bien
	tantas víctimas lo muestran
	como yacen a sus ojos
	rendidas, si no sangrientas.
	Yo, que entre el mortal consuelo
	de sus victorias apenas

la vi cuando con la mía
hizo número y no cuenta,
idolatrando su imagen
viví, sin que mereciera
perdón por el sacrificio
ni mérito por la ofrenda.
Desvalido amante, pues,
de este hermoso hechizo, de esta
hermosa mujer, mi vida
a tanto esplendor atenta,
la Clicie fue de sus rayos
y el imán de sus estrellas.
Viendo, pues, que a todo un Sol
alas fiaba de cera,
y que al generoso vuelo
solo monumento era
el mar de mi llanto, donde
se apagaban sus centellas,
dispuse olvidarla, como,
—¡qué error!— como si estuviera
el olvidarla en la mano
de quien no estuvo el quererla;
y por hacerme en efecto
contraveneno a mis penas,
venciendo amor con amor,
puse los ojos en Celia;
Celia, que fuera milagro
de hermosura, si no fuera
porque Lisarda se alzó
con todo el imperio della.
Si donde amé fui infelice,
y los afectos se truecan,
donde no amé ¿qué sería?
Saca tú la consecuencia.

¡Oh Amor! Si te llaman dios,
¿cómo de Dios desemejas
tanto que los fingimientos
y no las verdades premias?
O deja, Amor, de ser dios,
o de ser ingrato deja;
porque decir dios e ingrato
o suena mal o no suena.
De Celia en fin admitido,
estaba siempre con Celia
como extranjero mi amor,
dejando a Lisarda bella
acá en lo mejor del alma,
donde adorada estuviera,
cierto lugar reservado.
Escucha de qué manera.

Tiene un príncipe, un señor
lejos de sí un gran palacio
y en el suntuoso espacio
cerrado el cuarto mejor.
Éste se guarda en rigor;
y, aunque igual huésped por él
pase, el alcaide fiel
dice: «Este cuarto oportuno
es de mi rey, y ninguno
ha de aposentarse en él».
Así el alma toda, que era
el palacio de mi amor,
dejó a Lisarda el mejor
cuarto, aunque no le viviera.
Éste guarda de manera
el corazón, que nombró
su alcaide que, aunque hospedó

dentro a Celia, considero
que fue en otro cuarto; pero
en el de Lisarda no.

De aquella, pues, despreciado
y favorecido de esta,
engañado en ésta el gusto
con la memoria de aquélla,
neutral estaba mi vida,
cuando en esta competencia
sucedió que don Alonso,
hermano infeliz de aquella
bellísima ingratitud,
que no ablandaron mis quejas,
a Celia sirvió. ¿Habrá dicho
algún hombre que es la fuerza
de los celos tal que, donde
no hubo amor, haber pudiera
celos? Sí; porque los celos
son un género de ofensa
que se hace a quien se dan,
y no es menester que sean
hijos de Amor; que tal vez
el pundonor los engendra;
si bien estos dos linajes
son con una diferencia,
que el alma en los del amor
anda por saber la pena,
y en los del pundonor anda
el alma por no saberla.
Dígolo porque mil veces,
aunque vi acciones y señas
solo de parte de él, yo
cuidé poco de entenderlas

hasta que, saliendo un día
de la hermosa primavera
Celia al parque, don Alonso
al parque bajó con Celia.
Yo, que en el sitio esperaba,
y le vi venir con ella,
por ella y por él no pude
disimular más, sin mengua
de mi valor; y, llegando
a los dos, pronuncié apenas
la primera razón cuando
Celia dijo: «Seáis, don César,
bien venido; que os deseo,
porque con vuestra presencia
me dejará don Alonso,
ya que a hacerlo no le fuerzan
tantos desengaños». Él,
mal pensada la respuesta,
dijo... Mas no sé qué dijo;
que nunca un noble se acuerda
de palabras que el enojo
pronuncia desde la lengua
a las espadas; mas luego
sacamos los dos las nuestras.
De una estocada cayó
en el suelo. Entonces Celia,
confundida con la gente
que acudía a la pendencia,
pudo, sin ser conocida,
dar a su casa la vuelta,
y yo libre fui a tomar
en la Encarnación iglesia,
donde estuve hasta que fuimos
a Portugal. Todas estas

cosas sabes. Desde aquí
las que no sabes empiezan.
Estando, pues, en Lisboa,
recibí por la estafeta
de Celia una carta, en que
dice... Mas la carta es ésta.

(Lee.)

«Si no estuviera satisfecha de que vos
lo estáis de la poca culpa que tuve en
vuestra desgracia, fuera mi vida la
segunda que hubiérades quitado. Mi
hermano, como sabéis, está ausente; y
no podéis tener retraimiento mejor que
mi casa; que en ella no os han de buscar.
Y así, para tratar más cerca de vuestros
negocios, os podéis venir a ella, donde
estaréis secreto como deseáis, si no
servido como merecéis.» Celia

Esta carta me ha obligado
a que hoy a Madrid me venga;
pues no hay retraimiento donde
seguro un hombre estar pueda,
Mosquito, como una casa
particular; y desde ella
podré de noche salir
a las cosas de mi hacienda
y de mi composición;
pues no negocia en ausencia
el pariente ni el amigo
lo que el mismo dueño. Fuera
de que, si he de hablar verdad,
ni esto ni aquello me fuerza
tanto como parecerme

que podré adorar las rejas
de Lisarda alguna noche,
ya que dispuso mi estrella
que, dando muerte a su hermano,
toda la esperanza pierda
de merecer su hermosura;
pues la que adorada era
cruel conmigo, ¿qué será
ofendida? La que fiera
procedía a los halagos
¿qué ha de hacer a las ofensas?
Esto a Madrid me ha traído;
pues, para adorar en ella
las paredes de Lisarda,
estaré en casa de Celia.

Mosquito   Siempre fui de parecer
que por lo menos tuviera
dos damas un hombre; porque
de dos la una, como apuesta,
no se puede errar el tiro.
Beatricilla e Inés sean
testigos también; pues siendo
las dos de Lisarda y Celia
un algo más que fregonas,
y algo menos que doncellas,
por si se pierde la una
que la otra no se pierda
las traigo en el corazón
duplicadas como letras.
Pero dime ¿qué papel
me toca en esta comedia
del caballero escondido?

César	Pues no estás culpado, fuera te quedarás a avisarme de todo lo que suceda.
Mosquito	¿Y si, mientras se averigua si lo estoy o no, me pescan el coleto?

(Suena mucho ruido. Dentro Lisarda y Beatriz.)

Lisarda	Para.
Beatriz	¡Tente, borracho! ¿Qué haces?
César	Espera...
Mosquito	Por mi nombre me llamaron.
César	...que en una zanja de aquéllas se ha atascado un coche.
Mosquito	Y todo sobre el arroyo se vuelca.
César	Mujeres son; fuerza es acudir a socorrerlas.

(Vase.)

Mosquito	Dios te haga caballero parante, por su clemencia; que harto tiempo has sido andante. Ya la encerrada ballena,

para escupir sus Jonases,
por un costado revienta.
Beatricilla es, ¡vive Dios!,
la que sacaron primera.
Sin duda está aquí su ama.

(Escóndese. Salen Beatriz, en brazos de Gonzalo, y Otáñez.)

Beatriz   ¡Ay de mí! Yo salgo muerta,
roto el manto, la basquiña
manchada, y en la cabeza
más de cuatro mil chichones.

Gonzalo   ¡Voto a Dios...!

Beatriz   Gonzalo, buena
cuenta has dado de nosotras.

Gonzalo   Aquésta es la vez primera
que me ha sucedido.

Otáñez   Cierto;
que si de esta suerte empieza,
que dentro de un año puede,
a mi ver, poner escuela
de volcar coches.

Beatriz   Parece
que toda su vida entera
no ha hecho otra cosa, según
el primor con que los vuelca.

Otáñez   ¿Y señora?

20

Gonzalo	Un caballero la ha sacado medio muerta.
Otáñez	Voy a avisar a mi amo que allá en los jardines queda.

(Vase.)

Gonzalo	Yo a la torre de las guardas, para que a ayudarme vengan.

(Vase. Sale Mosquito.)

Mosquito	¡Beatriz!
Beatriz	¡Mosquito! ¿Qué es esto?
Mosquito	Breve será la respuesta: «vengo de lejas tierras, niña, por verte; hállote volcada, quiero volverme».
Beatriz	¿Y tu señor?
Mosquito	Vesle allí.
Beatriz	Pues ¿cómo de esta manera?
Mosquito	¿Qué sé yo? Mas lo que importa es, Beatriz, atar la lengua.
Beatriz	Haz cuenta que deslenguada estoy.

Mosquito	Pues no es buena cuenta;
	que las deslenguadas hablan
	más que las lenguadas mesmas.

(Saca a Lisarda don César.)

César	Bien de océano español
	blasonar podrá esta esfera,
	pues acaba su carrera
	despeñado en ella el Sol.
	Cobre en su bello arrebol
	el nácar; no triunfe así
	hoy de tan bello rubí.
	¡Ay Lisarda! ¿Quién pensara
	que yo en mis brazos llegara
	a verte? Mas ¡ay de mí!
	que, como estás sin sentido,
	estoy con ventura yo;
	pues tú con sentido no
	me lo hubieras consentido.
	Desdichada dicha ha sido
	la que tanto bien me ha dado;
	pues ya me cuesta el cuidado
	de verte así, que es forzoso
	que esté, aun cuando más dichoso,
	desdichado el desdichado.
	Hermosísimo desvelo,
	a cuyo desmayo pierde
	el suelo su pompa verde,
	y su pompa azul el cielo,
	desentumeced el hielo
	al fuego de vuestro ardor.
	Ved que lloran el rigor
	de tanto mortal desmayo

todo el cielo rayo a rayo,
todo el suelo flor a flor.
    Aquestas campañas bellas
sin luz están ni arrebol.
Anocheced, si sois Sol;
pero dejadnos estrellas.

(Vuelve en sí Lisarda.)

Lisarda   ¡Ay de mi infeliz!

César   Ya en ellas
hay nueva luz. Pues volvió
en sí, mi dicha acabó;
mi desdicha digo esquiva,
que, a precio de que ella viva,
no importa que muera yo.

Lisarda   ¿Qué es lo que pasa por mí?

César (Aparte.)   (Cielos, pues se ha de ofender
de verme, no me ha de ver.)

(Cúbrese el rostro.)

Lisarda   ¿Qué es esto? ¿Quién está aquí?

César   Quien, viendo, señora, allí
que su vereda el Sol ciego
errada llevaba, luego
llegó a enmendar el acaso;
porque no era digno ocaso
tan poca agua a tanto fuego.

Lisarda	Pues ¿cómo, habiendo vos sido
	quien mi vida ha restaurado,
	la voz habéis recatado,
	el rostro habéis escondido?
	Lo que decís no he creído,
	o son medios poco sabios,
	que esconder semblante y labios
	ni han sido ni son oficios
	de quien hace beneficios,
	sino de quien hace agravios.
César	Quien sirve por merecer
	no merece por servir;
	pues ya se da a presumir
	que se lo han de agradecer.
Lisarda	Tan hidalgo proceder
	ya es otro mérito, en quien
	hace suspensión el bien.
	Decid quién sois.
César	No haré tal.
Lisarda	¿Y he de proceder yo mal
	porque vos procedáis bien?
	No; y así he de ver ahora
	quién sois.
César	Pues no lo veáis,
	si agradecer deseáis
	este secreto, señora.
Lisarda	Duda el alma, el pecho ignora
	por qué.

César	Porque, si me veis, de verme os ofenderéis y así el decirlo dilato por no perder este rato que en duda lo agradecéis.
Lisarda	¿Ofenderme yo de veros?
César	Como holgarme yo de hablaros.
Lisarda	¿Pesarme a mí de miraros?
César	Sí, como a mí de perderos.
Lisarda	¿Yo sentir el conoceros?
César	Como yo el riesgo en que estoy.
Lisarda	Pues yo tengo de ver hoy por qué el pesar ha de ser, el sentir y el ofender.
César	Porque yo, señora, soy...
(Descúbrese.)	
Lisarda	Bien dijisteis, sí, que había de ofenderme al veros; bien, que el conoceros también pesar para mí sería; bien, que la ventura mía había de sentir hablaros; pues ya, solo por sacaros

verdadero, siento veros,
me pesa de conoceros
y me ofendo de miraros.
    ¿Cómo, cómo habéis tenido
atrevimiento de estar
en tan público lugar?

César
    ¿Cuándo no fui yo atrevido?

Lisarda
    ¿Cómo hasta aquí habéis venido?

César
    Como, igualando a los dos,
si, por darle muerte —iay Dios!—
a vuestro hermano, me fui,
bien volví, pues que volví
por daros la vida a vos.

Lisarda
    Tanto a sentir he llegado
verla de vos defendida
que he de aborrecer mi vida
por habérmela vos dado.

César
    Lisonja de mi cuidado
será ver tratar así
vuestra vida desde aquí;
pues consuelo me parece;
que quien su vida aborrece
¿por qué ha de quererme a mí?

Beatriz
    Mi señor, que se quedó
en esos jardines, viene
hacia acá.

César
    ¿Qué haré?

Lisarda (Aparte.)   (Conviene
proceder yo como yo.)
Don César, no penséis, no,
que en mí más poder alcanza
de mi enojo la esperanza
que la de mi rendimiento.
Obre el agradecimiento
primero que la venganza.
Yo le tendré; idos de aquí.

César   Sí haré, pues vos lo mandáis.

Lisarda   Y si una vida me dais,
ya mi obligación cumplí;
pero advertid desde aquí
que no estáis libre en lugar
ninguno.

César   Condsiderar
debéis que aqueso es decir...

Lisarda   ¿Qué?

César   ...que os busque.

Lisarda   El despedir
¿cómo puede ser llamar?

César   Piérdese una noche oscura
en un monte un caminante;
y, cuando con planta errante
hallar la senda procura,
más se ofusca en la espesura.

El can, que despierto está,
siente el ruido, y a hacer va
que huya dél con pies veloces,
llamándole con las voces
que, para que huya, da.
   Yo así confuso y perdido
camino ni senda sé;
bien, que no veo, se ve,
pues a tus pies he venido.
Tú, despierta siempre al ruido
del desdén, velando estás;
voces, porque huya, me das;
mas como perdido estoy,
dondo oyendo la voz voy,
me voy acercando más.

(Vanse don César y Mosquito. Salen don Diego y Gonzalo.)

Diego   Lisarda, ¿qué ha sido aquesto?

Lisarda   Que ese coche se cayó.

Diego   ¿Hízote mucho mal?

Lisarda   No.

Diego   Volvamos a casa presto.

Lisarda   Volvamos, si está dispuesto
el coche.

Diego   Vos, majadero,
mirad lo que hacéis.

Gonzalo	No quiero que presumas...
Diego	No seáis, pues, desvergonzado.
Beatriz	Eso es decir que no sea cochero.

(Vanse. Salen don Félix, Celia e Inés.)

Celia	Extraña es tu condición.
Félix	¿Por qué no ha de ser extraña, si tú, para que lo sea, Celia, me has dado la causa?
Celia	¿Yo la causa, para que de la guerra, donde estabas, te hayas venido a Madrid, a solo hacer en la casa donde me mata tu ausencia y donde viviendo me hallas, prevenciones de cerrar las puertas y las ventanas, de modo que en los tejados aun no has dejado una guarda sin reja? Pues, ¿a qué efeto, siendo yo, Félix, tu hermana, sin mirar que en mi respeto tu mismo respeto agravias, tan neciamente me celas, tan locamente me guardas?

Félix	Celia, no puedo negar que es necedad asentada la desconfianza. Es cierto; pero, no habiendo ventanas, es menor; pues, en efecto, si no asegura, descansa.
Celia	¡Buena disculpa has hallado de haber dado desde Italia vuelta a Madrid, tan a costa de tu opinión y tu fama. Partístete de la corte, lleno de plumas y galas; no te debió de sonar bien el ruido de las cajas, ni oler la pólvora bien, echando menos el ámbar, y vienes haciendo extremos por dar disculpa a tu...
Félix	Basta, Celia. Salte tú allá fuera, Inés.
Inés (Aparte.)	(De esta vez descansa su corazón.)
(Vase.)	
Félix	Pues baldonas mi honor con soberbia tanta, diré lo que he pretendido disimular, aunque es baja acción que celos de honor

se pidan tan cara a cara.
En Italia estaba, Celia,
cuando la loca arrogancia
del francés sobre Valencia
del Po... Pero ¡qué ignorancia
ponerme contigo a hablar
yo de guerras y de armas!
En Italia estaba, digo,
cuando recibí una carta
de alguno que, interesado
en el honor de esta casa,
me escribió, Celia, que un día
de los que el abril traslada
al parque toda la corte,
tú saliste disfrazada,
y don Alonso tras ti;
y que, habiendo —¡suerte ingrata!—
llegado al parque con él,
sacó otro galán la espada
y le dio la muerte, siendo
dicha entonces —¡pena extraña!—
no ser conocida; pues
a serlo allí, cosa es clara
que tu honor en opiniones
con la justicia quedara.
Estas cosas y otras, Celia,
causa han sido de que haya
vuelto; porque ¿qué me importa
que yo gane honor y fama,
si tú en mi ausencia los pierdes?
¿Qué me importa que yo haga
acciones que generosas
soliciten mi alabanza,
si me las desluces tú

con acciones tan livianas?
No decir pensé mis penas;
callar presumí mis ansias,
pero ya que tú me obligas
a que de los labios salgan,
advierte, Celia, que solo
una diligencia falta,
y es enmendar con las obras
lo que erraron las palabras.

Celia

¿Pensarás que convencida
me dejan tus amenazas?
Pues no, Félix; porque donde
la proposición es falsa
no se sigue el argumento.
¿Yo he salido al parque al alba?
¿Yo seguida de ninguno?
¿Yo ocasión de cuchilladas?
Quien dices que lo escribió
te mintió; y yo...

(Sale Inés.)

Inés

Aquí te llama
don Juan de Silva, tu amigo.

Félix (Aparte.)

(Celia, no entienda Inés nada
de esto; que no es menester
que lo que entre los dos pasa
lo sepan de ningún modo
ni criados ni criadas;
y retírate a tu cuarto,
porque entre en aquesta sala
don Juan.)

(Vase.)

Celia   ¡Ay de mí!

Inés   Señora,
¿que una plática tan larga
hayáis tenido?

Celia   Don Félix
ha sabido cuanto pasa.

Inés   ¿Y lo del tabique?

Celia   No;
eso solo se le escapa.
Por si hablan los dos en mí,
escuchemos lo que hablan.

(Salen don Juan, alborotado, y don Félix.)

Juan   Seas, don Félix, bien hallado.

Félix   Y vos, don Juan, bien venido.

Juan   ¡Gran dicha hallaros ha sido!

Félix   ¿De qué venís tan turbado?

Juan   Ya sabéis que de Lisarda
amante y primo adoré
la hermosura, mientras que
la dispensación, que hoy tarda,
viene a hacerme tan dichoso

que, premiando mi constante
amor, de primo y amante,
me llega a llamar esposo.
   Ya sabéis cómo mató
a su hermano y primo mío
don César en desafío,
por una mujer que yo
   nunca conocí. Pues hoy,
por vencer esta tristeza,
salió al campo su belleza.
Yo, que de sus luces soy
   flor que la vive adorando,
a la casa la seguía
del campo, donde ella había
con su padre ido; mas, cuando
   iba la puente a bajar,
el coche encontré en la puente,
porque no sé qué accidente
tan presto la hizo tornar.
   Llegando al Sol que conquisto
a sacrificar mi vida,
de mi primo al homicida
me pareció que había visto
   entrar de camino. Yo
le quise reconocer;
mas, siendo al anochecer,
no fue posible; y por no
   errarlo, si no era él,
todo el lugar le seguimos
ese criado y yo, y vimos
apear —¡pena cruel!—
   adonde a ver si es o no es
quiero que vamos los dos,
y que entréis delante vos,

porque no se esconda, pues
de vos no se ha de guardar.
Esto habéis de hacer por mí,
ya que de vos me valí,
pues es forzoso amparar
un amigo a un caballero,
cuando no lo fuera yo,
a cualquiera que...

Félix	No, no
(Aparte.)	digáis más... (Si considero,

    aunque hoy no es mucho el error,
que si ésta la muerte fue
por Celia, así vengaré
con otra causa mi honor.)
    ...que ya sé que es recibida
necedad que, sin dudar
ni saber ni preguntar,
ofrezca un hombre su vida
a quien le llama; y así,
ahorrad pláticas conmigo
y guiad; que ya yo os sigo.

Juan   Menos de vos no creí.
Vamos; veréis, ¡vive el cielo!,
si el venir mi honor castiga.

Félix (Aparte.)   (¡Oh, a qué cosas obliga
esta necia ley del duelo!)

(Vanse. Salen Celia e Inés.)

Celia   ¡Ay, Inés, esto he escuchado!

Inés	¿De qué me hubiera servido servir, si no hubiera sido de saber cuanto han hablado?

Celia	A César van a buscar
	—¡pena injusta, dura suerte!—
	para darle los dos muerte.
	¿Quién pudiera imaginar
	   que yo a don César llamara
	a que en mi casa viviera,
	que antes mi hermano viniera
	que él, y él mismo le buscara
	   para matarle, y así
	satisficiera mi hermano
	sus celos, pues es tan llano
	que fue la muerte por mí?

Inés	No des por hecho, señora, lo que, para haber de ser, aun faltan por suceder más de mil cosas ahora; el ser verdad su venida, que los dos le hayan de hallar luego, y luego le han de dar por la tetilla la herida.
Celia	Bien mi temor desconfía, porque es tirana mi estrella.

(Hacen ruido dentro.)

Inés	Aguárdate. ¿No es aquélla la seña que antes solía don César hacer?

Celia	Sí.
Inés	¡Dios mejora los días!
Celia	Pues métele tú en casa, Inés, mientras le buscan los dos.

(Vase Inés.)

> Que hoy verá César, es llano,
> cómo mi ingenio le guarda
> de su padre de Lisarda,
> de su primo y de mi hermano.

(Salen Inés, don César y Mosquito.)

César	Hasta llegar a tus brazos, hermosa Celia, no sé si tuve vida; y así, pues que mis ojos te ven, dame, señora, a besar todo el chapín de tus pies.
Mosquito	Y a mí todo el ponleví de tus zapatos, Inés.
Celia	Seas, don César, bien venido a aquesta casa; que, aunqué no pueda servirte en ella hoy como yo imaginé, por causa de haber venido

mi hermano...

César   ¡La voz detén!
¿Qué dices? ¿Tu hermano está
hoy en Madrid?

Celia   El día que
escribí que tú vinieras,
supe cómo venía él;
que no te enviara a llamar
a no saberlo después.

César   ¿No estaba en la guerra?

Celia   Sí;
y lo que le hizo volver
tan presto fue haberle escrito
el suceso tuyo.

César   Pues
según eso en mayor riesgo
en tu casa estoy.

Celia   ¿Por qué?

César   Porque no es posible estar
un punto en ella.

Celia   Sí es;
que pueden, don César, mucho
amor, ingenio y mujer.
Yo en casa, don César, tengo
prevenido donde estés,
si no bien acomodado,

38

seguro a lo menos bien.

César   ¿De qué suerte?

Celia   De esta suerte.
Aquesta casa que ves
tiene dos cuartos, el bajo
y el alto, que es éste, en que
yo vivo; porque en esotro
vive un extranjero, a quien
vienen despachos de Roma.
Esto convino saber
por si acaso el dueño hallaba
para toda ella alquiler.
Por de dentro de ella tiene
secreta escalera que
comunica los dos cuartos,
aunque condenada esté,
por ser los huéspedes dos.
Aqueste tabique, pues,
por la parte está de abajo;
de suerte, don César, que
yo por la parte de arriba
con mil trastos le ocupé
el día que por mi carta
a mi casa te llamé,
y de que venía mi hermano
aviso tuve también.
Me hallé confusa, sitiada
de los dos, por no saber
qué hacer con los dos; y así
escucha lo que pensé.
Cerrar hice la escalera
por acá arriba muy bien,

tabicando sobre tabla
una puerta; que no fue
difícil tomar el yeso
sobre tomiza o cordel;
de suerte que no quedó
ni aun señal en la pared;
mayormente que la cuadra
donde cae sirve también
de tocador mío y la tengo
colgada toda, con que
está más disimulada.
Aquí estarás, César, bien
todo el tiempo que mi hermano
dentro de casa no esté;
y en estando en casa, dentro
de esta escalera.

Mosquito   ¡Pardiez,
                    que habrá lindo San Alejo!

César   ¿Qué dices?

Celia   ¿Qué hay que temer?

César   Mil inconvenientes, Celia.

Celia   Di cuáles son.

César   Vamos, pues,
                   salvando dificultades.
                   ¿Es posible no saber
                   tu hermano que esa escalera
                   estaba aquí?

Celia	Sí; porqué en ausencia suya yo aqueste cuarto alquilé; y así no sabe don Félix todos los secretos de él.
César	¿Cómo, si vino celoso tu hermano, te dejó hacer esa pared?
Celia	Un criado, viendo su cuidado, fiel me avisó; y así ya estaba hecho cuando llegó él.
César	Yo estimo, Celia, en el alma el cuidado y la merced, mas ya que vino tu hermano a este tiempo, ¿para qué hemos de estar con cuidado tan grande? Y así me iré contento de haberte visto. Quédate con Dios.
Celia	Detén los pasos, César; que no de aquí has de salir, ni es bien; que está a gran riesgo tu vida.
César	¿De qué suerte?
Celia	Has de saber que en la posada que estás te van a matar.

César	Pues ¿quién? Quisiera saber.
Celia	Don Félix; que aquí se lo dijo a él don Juan.
(Llaman dentro.)	Pero ¿qué, llamaron?
Inés	Sí; y mi señor mismo es.
Celia	Pues ya no puedes salir, por fuerza te has de esconder.
Inés	El tabique sirva ahora, ya que no sirva después.
César	Por tu opinión solamente me escondo ahora; mas después que se haya acostado, Celia, he de salir.
(A Inés.)	
Celia	Presto ve, mientras allá abren la puerta, y en esa escalera, Inés, encierra a los dos.
Mosquito	¿A mí han de encerrarme también?
Inés	Claro está; y no abras en tanto que recogida no esté

la casa, y en lo más bajo
estad sin ruido.

César   iAh, poder
de la Fortuna, mi vida
acabe ya de una vez!

(Vanse don César y Mosquito con Inés. Salen don Juan y don Félix.)

Félix   Ya estoy en mi casa. Idos,
don Juan.

Juan   Pues de ella os saqué,
y os conocieron a vos
y a mí no, hasta que quedéis
seguro, no he de dejaros.

Celia (Aparte.)   (Pues viene don Juan con él,
sin duda a buscar a César
vienen los dos.)

Félix   Sí ha de ser.
iHola!

(Sale un Criado.)

Criado   ¿Señor?

Félix   Esta hacienda
toda en salvo la poned
abajo en el cuarto de ese
caballero milanés,
en tanto que hablo a mi hermana.

Juan   Yo el primero a todo iré.

(Vanse don Juan y Criado.)

Celia (Aparte.)   (La casa van despojando;
                         buscarle sin duda es.)

Félix   ¡Hermana!

Celia   Félix, ¿qué traes?

Félix   Traigo una pena cruel.

Celia (Aparte.)   (Los dos han sabido allá
                         que aquí don César esté.)

Félix   Llamóme don Juan de Silva,
para que fuera con él
a buscar a su enemigo;
—¡dijera el mío más bien!—.
Al fin llegué a la posada
y al huésped le pregunté
dónde un forastero estaba
que hoy después de anochecer
llegó a su casa. Que no
había hecho más que haber
dejádole allí dos mulas
dijo, e ídose después.
Esperándole estuvimos
más de dos horas o tres,
hasta que un hombre llegó
de color y, al parecer
de don Juan, que yo jamás
le vi, dijo que era él.

44

Embestímosle los dos,
desembarazóse bien,
y al ruido de las espadas
llegó justicia a querer
conocernos, y don Juan
dio con el uno a sus pies.
Resistímonos, en fin,
hasta que no faltó quien
entre las voces decía:
«Don Félix de Acuña es.»
Habiéndome conocido,
apelamos a los pies.
A riesgo traigo la vida,
por ser una muerte, y ser
en resistencia; y así,
pues ausentarme ha de ser
fuerza, no has de quedar, Celia,
donde me escriban después
alguna cosa de ti
que no lo esté a mi honor bien.
Y así conmigo al instante
en casa de mi tío ven,
donde quedarás guardada
de su cuidado; porque
no he de ausentarme yo, en tanto
que tú segura no estés.

Celia   Don Félix...

Félix   No hay que decirme.

Celia   ...advierte...

Félix   Aquesto ha de ser.

No hay, Celia, que replicar.

(Sale Inés.)

Inés (Aparte.)   (En un instante se ve
                    mudada toda la casa.
                    ¿Qué es lo que intentan hacer?)

(Salen dos criados.)

Criado I   Baja tú aquese escritorio.

Criado II   Tira de este brocatel;
                    que hasta las camas están
                    ya desarmadas también
                    abajo, y no quede aquí
                    solo un clavo en la pared.

(Quitan las colgaduras, y queda debajo una pared blanca, con dos puertas a los lados, y en medio una lanqueada disimulada.)

Félix   Celia, vamos; que esto es fuerza.
                    Vente con tu ama, Inés.

Celia (Aparte.)   (¿A quién, cielos, en el mundo
                    esto pudo suceder?)

Inés (Aparte.)   (¿Mas que a los de la escalera
                    los han de mudar también?)

(Vanse. Sale don Juan.)

Juan   No se quede aquí ninguno;
                    salid, y cerrad después.

(Vanse todos. Abren la puerta de en medio don César y Mosquito.)

César   Más de medianoche es ya.

Mosquito   ¿Si se habrá olvidado Inés
de que nos tiene escondidos?

César   Pues ya tan quieta se ve
la casa, abre aquesa puerta;
despega un poco el cancel;
que, teniendo colgadura
encima de la pared,
no nos podrán ver; sabremos
qué ruido el que han hecho es.

Mosquito   ¿Dónde está la colgadura?

César   Llama a Inés.

Mosquito   ¡Inés! ¡Ce, ce!

César   ¡Quedo! No te vean ni oigan.

Mosquito   ¿Quién nos ha de oír ni ver,
si estamos en el desierto?
Por Dios, que a mi parecer
alemanes han entrado
en esta casa.

César   ¿Por qué
lo dices?

Mosquito   Porque ha quedado

desvalijada.

| César | ¿Que estés
tan loco que digas eso? |

Mosquito

Más lo estás tú, en buena fe,
si dices esotro. Sal,
y verás que no hay que ver;
pues, para que tú lo veas,
sin duda, si es o no es,
solo han dejado una luz
por descuido o por merced.
Ni una silla, ni un bufete,
ni un cuadro, ni un escabel,
ni un baúl, ni un escritorio,
ni una cama, ni un cordel,
ni un jergón, ni una cortina,
ni una Celia, ni una Inés
nos han dejado.

César

¿Qué es esto?
Que, aunque yo el ruido escuché,
los golpes, sin las palabras,
no se daban a entender.
Gran novedad habrá sido
la que a esto ha obligado.

Mosquito

Aun bien
que viviremos más anchos.
Pero pudieran haber
Inés y Celia dejado
siquiera un pan que comer.

César

¡Que estés ahora de gracia!

Mosquito	Esto de desgracia es.
César	Y así, viendo lo que ha sido, y lo que aquí importa hacer, es irnos; porque, si Félix ha llegado ya a entender que por causa de su hermana a don Alonso maté, y que hoy estoy en Madrid, ¿quién duda que aquesto es por vengarse?
Mosquito	Pues ¿por dónde hemos de salir? ¿No ves cerradas todas las puertas?
César	Por las ventanas.
Mosquito	También son todas rejas.
César	Por una guarda del tejado. Ven conmigo.
Mosquito	Yo ruego a Dios que una gatada no dé.
César	¡Cielos! ¿Semejante caso a quién pudo suceder?

Fin de la primera jornada

Jornada segunda

(Salen por una de las dos puertas don César y Mosquito.)

Mosquito   Ésta es la casa, sin duda,
que aquel famoso estremeño
Carrizales fabricó
a medida de sus celos;
pues no hay puerta ni ventana,
guarda, patio ni agujero
por donde salga un Mosquito.
Dígalo yo.

César   Si el ingenio
quisiera inventar un caso
extraño, ¿pudiera hacerlo
con mayores requisitos
fingidos que verdaderos
están presentes? ¿Habrá
quien crea que es verdad esto?
Venir llamado de Celia;
tener aviso a este tiempo
de que su hermano venía;
hacer con tanto secreto
este tabique; llegar
Félix a Madrid primero
que yo; esconderme por fuerza;
y, en estando una vez dentro,
mudarse toda la casa;
dejarme aquí; y en efecto
no haber por donde salir;
cosas son, ¡viven los cielos!,
que han menester más paciencia
que la mía.

Mosquito   Pues no es eso
                 lo peor.

César   Pues ¿qué será,
                 si esto no es?

Mosquito   Que no tenemos
                 que comer; porque el gigote
                 que se olvidó en un puchero
                 a la lumbre, el medio pan
                 de la alacena, ya dieron
                 fin. Y así es fuerza rendirnos
                 por hambre; porque no hay dentro
                 del sitio para dos horas
                 munición ni bastimiento.

César   ¡Que tuviese yo una llave
                 maestra de casa, al tiempo
                 que, ausente su hermano, entraba
                 a hablar a Celia, y que luego
                 se la volviese el día que
                 de aquí me ausenté! Mas esto
                 ¿quién lo pudo prevenir
                 con humano entendimiento?

Mosquito   Ya mal distinta la luz
                 en los distintos reflejos
                 se va declarando. En fin,
                 ¿qué piensas hacer?

César   Un medio
                 solamente se me ofrece.

Mosquito	¿Y es, señor...?

César	Escucha atento. En este cuarto de abajo a Celia oí que un extranjero, hombre de negocios, vive. A éste declararme pienso; que menos importará que sepa uno más aquesto que dejarme matar; pues no dudo que es el intento éste de haberse mudado don Félix.

Mosquito	Y ¿cómo haremos para llamarle?

César	Dar golpes por la escalera.

Mosquito	Yo apuesto que piensan que andan ladrones al primer golpe que demos, y que nos matan a palos antes de oírnos.

César	No creo que hay otra cosa que hacer. Voy a llamar. Mas ¿qué es esto?

(Al ir a llamar él, llaman de dentro.)

Mosquito	El extranjero de abajo, que llama antes que llamemos

nosotros. Mas ¿cuánto va
que nos mudaron a un tiempo
y, estando él también cerrado,
ha pensado allá lo mesmo?

(Llaman otra vez.)

César	Esto es llamar a la puerta.
Mosquito	¿Quién es?
César	¡Tente! ¿Qué haces, necio?
Mosquito	Responder a quien nos llama; que la llave no tenemos; que vaya por ella.
César	Espera; que responder no es acierto.
Mosquito	Déjame solo llegar a ver por el agujero de la llave quién es.
César	Mira.
Mosquito	¡Buena hacienda habemos hecho! ¡Ay, señores!
César	¿Qué hay, Mosquito?
Mosquito	La justicia por lo menos es quien llama.

César	¿La justicia?
Mosquito	Sí, señor.
César	¡Por Dios, que es cierto! ¿Quién presumiera que así se vengara un caballero?
Mosquito	Celia, señor, te ha vendido.

(Golpe de martillo.)

César	¡Vive Dios, que aun no lo creo de Celia!
Mosquito	Yo sí; ya escampa.
César	¿No es descerrajar aquello?
Mosquito	Sí. Yo conozco los golpes; que estos son los golpes mesmos que, al empezar las comedias, se dan en los aposentos.
César	¿Qué hemos de hacer?
Mosquito	Confesarnos es el más útil remedio.
César	Por si acaso es otra cosa, lo mejor es escondernos; y no sea lo de anoche, oír el ruido y no el suceso.

(Abren la puerta, y salen Octavio, dos alguaciles, un Escribano y gente.)

Octavio   ¿Para qué es romper la puerta?
                           Que, pues yo las llaves tengo,
                           yo abriré. Y ya que lo está,
                           díganme, sobre qué es esto,
                           vuesas mercedes; que yo,
                           a los golpes que he oído, vengo
                           desde ese cuarto, en que vivo.

Alguacil I   Buscamos un caballero,
                           don Félix de Acuña es
                           su nombre, por haber muerto
                           anoche un hombre en mi calle.

Octavio (Aparte.)   (Aquí importa el fingimiento.)
                           ¿Dón Félix de Acuña?

Alguacil I   Sí.

Octavio   Pues ya ha más de mes y medio
                           que no vive en esta casa,
                           y que yo las llaves tengo
                           del cuarto para alquilarle,
                           con poderes de su dueño.
                           Bien lo muestra el verle así.

Alguacil II   Tarde venimos.

Escribano   ¿Qué haremos?

Alguacil II   Poner esta diligencia
                           por escrito.

(Sale Otáñez.)

Otáñez   Aquí don Diego,
mi señor, viene a saber
qué hay de aquel despacho.

Octavio   Necio,
¿que estoy ahora no veis
con estos señores? Luego
bajaré; que en mi escritorio
me espere.

(Vase Otáñez.)

Alguacil I   Aquí no tenemos
que hacer. Vuesasted se quede
con Dios.

Escribano   Si hubiéramos hecho
anoche la diligencia,
quizás no se hubiera puesto
en salvo.

Alguacil II   Nadie nos dijo,
aunque se anduvo inquiriendo
anoche, dónde vivía.

(Vanse los alguaciles y el Escribano. Salen don Diego y Otáñez.)

Diego   Señor Octavio, viniendo
tan de mañana a saber
si había venido en el pliego,
que anoche llegó de Italia,
la dispensación que espero

para casar a mi hija
con su primo, que deseo
salir ya de este cuidado;
y esperando, por saberlo,
allá abajo, vi bajar
justicia; y así me atrevo
a subir acá por ver
si en algo serviros puedo.

Octavio En cuanto a vuestros despachos,
muy bien las albricias puedo
pediros; que ya han venido.

Diego Mil años os guarde el cielo.

Octavio En esto de la justicia,
es que un noble caballero
aseguró su persona
y su hacienda; que él, atento
a su honor, dejar no quiso
sola a su hermana; y, diciendo
estaba que no vivían
ya aquí.

Diego ¡Ay de mí, lo que siento
el traer a la memoria,
a vista de este suceso,
mis penas! Siempre son muchas,
cada instante que me acuerdo
de la muerte de mi hijo,
y que el que le mató huyendo
también se libró de mí;
que yo le hiciera...

| Octavio | En efecto, |
| | ¿nunca de él habéis sabido? |

Diego	Hásele tragado el centro
	de la tierra. Mas dejadme,
	y no hablemos más en esto.

Octavio	Yo hablo porque hablabais vos.
	Vamos. Mas ¿qué tan atento
	miráis en aqueste cuarto?

Diego	En que he venido a hacer, pienso,
	de un camino, como dicen,
	dos mandados; porque, habiendo
	la dispensación venido,
	he de traer desde luego
	a mi sobrino a mi casa;
	y la que yo ahora tengo
	no es capaz; demás que ha un mes
	que ando buscándola, y creo
	que este cuarto, por el barrio
	y vecindad, será bueno.

| Octavio | Yo me holgaré que os agrade, |
| | por lo mucho que intereso. |

| Diego | ¿Qué más vivienda que aquésta |
| | tiene? |

Octavio	No sé; que os prometo
	que, aunque días ha que vivo
	en él, es hoy el primero
	que en él he entrado.

(Entran por una puerta y salen por otra.)

Diego
En verdad
que me agrada, sí por cierto;
mayormente por tener
estos dos cuartos diversos,
pues en éste, hasta casarse,
estará don Juan, y luego
yo estaré, dejando esotro,
que es el mayor, para ellos.
¿Qué gana este cuarto?

Octavio
Gana
dos mil reales.

Otáñez
Es gran precio;
que están baratas las casas.

Diego
Decidme quién es el dueño,
porque lo vaya con él
a concertar.

Octavio
Para eso
haced cuenta que yo soy;
Pues de un amigo es, que a un pleito
está a Granada, y poder
para sus negocios tengo;
y así conmigo no más
se ha de tratar.

Diego
Según eso,
ya queda el cuarto por mío,
porque yo con vos no tengo
de regatear; y así haced,

	porque vengan al momento
	a colgarle, que las llaves
	se den.

Octavio   Si ha de ser tan presto
mejor es que os las llevéis,
porque hoy una holgura tengo
en el campo, y en mi casa
no queda nadie. Bajemos
donde la dispensación
os dé y las llaves.

Diego   Contento
voy del cuarto.

Octavio   No creeréis
cuánto en que lo estéis me huelgo.

Diego   Tendréis un criado en mí,
y en Lisarda un ángel bello
por vuestra, que es muy hermosa.

(Vanse cerrando. Salen don César y Mosquito.)

César   ¿Haslo entendido?

Mosquito   Algo de ello.

César   ¿Habrá más y más acasos?
¿Habrá más y más sucesos
que eslabonen mis desdichas,
que logren mis sentimientos?
Un hombre mató don Félix;
el mudarse nació de esto;

y, buscando los despachos
para hacer el casamiento
de Lisarda y de su primo,
su padre —¡muero de celos!—
a Octavio subió a buscar
a este cuarto; y al momento
se contentó de él, y de él
llevó las llaves él mesmo;
y por remate de todo,
porque aun solo este remedio
de llamar abajo falte,
todos se van fuera. ¡Cielos!
¿Hasta dónde echada está
la línea a mi sufrimiento?

Mosquito   Alquilar un hombre un cuarto
con ropa y servicio vemos
en la corte cada día;
pero el alquiler más nuevo
es alquilar uno un cuarto
con amo y criado dentro.
Mas bien que en estos acasos
de pesar hay de consuelo
otros.

César   ¿Cuáles son?

Mosquito   No haber
Octavio visto antes de esto
esta escalera, y estar
de esta casa ausente el dueño,
pues si él viniera a alquilarla,
su escalera echara menos,
y fuera fuerza el hallarnos

escalerados don Diego.

César   En fin, para haber de ser
un tan extraño suceso,
no hay inconveniente alguno,
según todo se ha dispuesto;
pero no se ha de rendir
hoy el valor de mi pecho
a fáciles imposibles.

(Saca la daga para abrir la puerta.)

Mosquito   ¿Qué haces?

César   Declavar pretendo
con esta daga la puerta,
y salir de aquí primero
que mi enemigo me cierre
hoy el paso, aunque sea al riesgo
de que en la primera calle
me prendan; que ya no quiero
vida, casada Lisarda
con don Juan; ni quiero —¡ay cielos!—
esperar a ser testigo
ya del daño que me ha muerto.

Mosquito   Dices bien, señor. Salgamos
de aquí, aunque descerrajemos
la puerta.

César   No he de esperar
más desdichas. Mas ¿qué veo?
Por la parte de allá fuera
abren.

Mosquito	Pues, al retraimiento.
César	Por si es don Diego, es forzoso.
Mosquito	¡Mucho nos quiere don Diego, pues que nos guarda con llave!
César	¡Que viniese a tan mal tiempo!
Mosquito	Según todo se hace apriesa, que sea el adrede pienso.

(Escóndense los dos. Salen Beatriz y Otáñez.)

Beatriz	¿Aquésta es la casa?
Otáñez	Sí.

Beatriz	Santíguome, y entro a vella
	con el pie derecho en ella.
	Malo es abrirse hacia aquí
	  la puerta, y los escalones
	toman la vuelta al revés,
	bien o mal: una, dos, tres;
	y las vigas no son nones.
	  Otáñez, vuelva a señor
	y diga que, si no ha dado
	el dinero adelantado
	de esta casa, será error,
	  si al dueño no se le obliga
	a mudar la puerta, es llano,
	la escalera hacia esta mano
	y añadir aquí una viga.

Otáñez	¡Mala mano te dé Dios, y mala viga también! Mas ¿esto del mal y el bien, esto de la una y las dos, el pie derecho por guía, mirar puertas y escalones, son, por tu vida, lecciones de la dueña de tu tía?
Beatriz	Claro está. ¿Qué pensáis vos? Como eso, cuando acá estaba, cada día me enseñaba, porque era un alma de Dios.

Otáñez	Y se le echa bien de ver
	en la cristiana doctrina
	que enseñaba a la sobrina.
	Mas, Beatriz, lo que has de hacer
	   es solamente tratar
	de barrer la casa, y no
	contar sus vigas; que yo
	tengo un chozno familiar
	   que da de mí testimonio.

Beatriz	Si él es familiar y está con vos...
Otáñez	Dilo.
Beatriz	No será familiar sino demonio.
Otáñez	¡Picudita, bachillera,

que desde vuestra niñez
tenéis para la vejez
hecho el gasto de hechicera,
    hablad como habéis de hablar!

Beatriz   Arrendajo de don Bueso,
anatomía de hueso,
almanac particular;
    vos, que sois en el abismo
de esa calcilla neutral
de vos mismo el orinal,
y el músico de vos mismo,
    flaca cecina de yegua,
baúl de tabla y pellejo,
me recorderis de viejo,
parce mihi de la legua,
    puerto seco de la tos,
quiroteca de Caifás,
y trescientas cosas más,
¿cómo se ha de hablar con vos?

Otáñez   Relamidilla, embustera,
agradeced que ha llegado
el coche, y que se ha apeado
señora; que yo os hiciera
    llevar a la Inquisición.

(Sale Lisarda con manto.)

Lisarda   Notable priesa ha tenido
mi padre, pues ha querido
mudarse sin dilación,
    y que venga la primera
yo a ver la casa y mandar

cómo se ha de aderezar.

Otáñez   Tal huésped en ella espera.

Beatriz   Muy cuerdo mi señor anda
en que tú vengas ahora,
pues no agrada a una señora,
sino solo lo que manda;
    que, si yo hubiera empezado
a poner algo, sospecho
que, de cuanto hubiera hecho,
nada te hubiera agradado.

Lisarda   Buena la casa parece.

Otáñez   En este cuarto ha de estar
don Juan hasta efectuar
las dichas que Amor ofrece.

Beatriz   Acudid, Otáñez, vos
a ver apear la ropa
del carro.

Otáñez   Si en esto topa,
ya acuden, ¡válgame Dios!

(Vase.)

Lisarda   No me traigan nada aquí.
Pues esta pieza ha de ser
tocador, no es menester
colgarla.

Beatriz   Guárdate allí

del polvo.

Lisarda   ¡Oh, qué triste estoy!

Beatriz   ¿Hoy, que pedirte quisiera
albricias, de esa manera
suspiras?

Lisarda   Sí; porque hoy
mirando mis penas voy.

Beatriz   ¿Quién, señora, las causó?

Lisarda   Oye. Don Juan...

(Sale don Juan.)

Juan   Feliz yo,
que a tan buen tiempo llegué
que en tus labios escuché
mi nombre.

Lisarda   ¿Y no pudo no
ser dicha, y desdicha sí,
el acordarme de vos?

Juan   No; que siempre es dicha...

Lisarda (Aparte.)   (¡Ay Dios!)

Juan   ...que tú te acuerdes de mí;
pues, aunque haya sido aquí
en daño mío, sospecho
que en el pecho satisfecho

estoy; que el reloj veloz
obedece con la voz
al artificio del pecho.

Lisarda   Sí; pero ninguno ignora
que con otro tal indicio
muestra una hora el artificio
y da la voz otra hora.

Juan   Pues ¿por qué, prima y señora,
hoy tanto rigor?

Lisarda   No sé;
que a vos os lo callaré
por el autoridad mía.
Yo a Beatriz se lo decía,
y a Beatriz se lo diré
     Beatriz, mi primo don Juan
sin duda alguna ha creído
que el entrar a ser marido
es salir de ser galán.
Poco cuidado le dan
finezas, poco cuidado
festejos; pues, olvidado
está ya de que se infiere
que no quiere el que no quiere
un poco desconfiado.
     Ayer al campo salí,
y a don Juan en él no hallé;
en el campo peligré,
y de otro amparada fui.
Y si a aquél agradecí
la fineza de mi vida,
a éste, que de mí se olvida,

castigarle puedo, pues
no es con éste cruel quien es
con aquél agradecida.
	Vine a casa, como viste,
y don Juan no pareció
en toda la noche. Yo,
que ya sé que esto consiste
en ese festejo, triste,
no celosa, estoy, por ver
que don Juan, antes de ser
mi esposo, verme dilata,
y que desde ahora me trata
ya como propia mujer.

Juan	Si supieras la razón,
tú me disculparas ya.
Buenos testigos quizá
aquestas paredes son.
Digan ellas la ocasión,
digan ellas...

Lisarda	¿Para qué,
si yo con Beatriz hablé,
me respondéis?

Juan	Culpa es mía.
Yo a Beatriz se lo decía,
y a Beatriz se lo diré.
	Bajando anoche a buscar
a mi prima, vi al que dio
muerte a don Alonso, y yo,
con ánimo de vengar
mi pena, le fui a buscar,
llevando en mi compañía

a Félix, el que vivía
en esta casa. Llegamos
donde a César esperamos,
hasta que la rabia mía
    me hizo embestir a otro hombre
por él. Justicia llegó;
conocernos pretendió,
y uno quedó —no te asombre—
muerto, cuando oímos el nombre
de don Félix repetido
y, viéndose conocido,
fuerza el ausentarse fue.
Ésta es la causa; porque
de honrado y de agradecido
    yo no le pude dejar
hasta que en salvo estuviese
él y su casa e hiciese
diligencias de alcanzar,
si de mí llegaba a hablar
la justicia. Se ha sabido
que yo no fui conocido;
con lo cual me he asegurado;
que mal pudo otro cuidado
tenerme a mí divertido.

Beatriz   Pues yo, que he sido la oidora
en sala de competencia,
fallo por mí la sentencia,
que, pues el uno a otro adora,
os deis por buenos ahora.

Juan   Yo obedezco; y si hay disculpa,
cese el rigor que me culpa.

Lisarda	Yo creo que así será; que para nada me está bien que vos tengáis más culpa.
Juan	Ya que estás desenojada, de la caída de ayer la sangría...
Lisarda	Eso es querer volver a verme enojada.

(Vase.)

Juan	...será para una criada. Castaño, dale a guardar aqueso a Beatriz.

(Sale Castaño.)

Beatriz	El dar tanto el ánimo recrea, que, aunque para mí no sea, lo tomaré, por tomar.
	Y pues tan revuelta está la casa toda, en aqueste aposento que ha de ser o tocador o retrete de mi señora, poniendo ve, Castaño, sutilmente, no sé qué que a mi ama traes
Castaño	Son más de mil no-sé-qué-es. Espera; irélos trayendo;

que aquí unos mozos los tienen.

Beatriz   Para ponerlos mejor,
              pongamos aquí un bufete.

(Sacan un bufete, y desde la puerta van tomando unos azafates cubiertos.)

Castaño   Estos son de Portugal
              dulces.

Beatriz   Di dulces dos veces,
              pues dos veces lo serán
              por dulces y portugueses.

Castaño   Chocolate de Guajaca
              esto y éstos, que aquí vienen,
              tocados, cintas y medias,
              guantes, pastillas, pebetes,
              faldriqueras, zapatillas,
              y bolsos éstos.

Beatriz   Bien huelen.

Castaño   Toda esta salsa, Beatriz,
              han menester las mujeres
              para que no huelan mal,
              y más las propias.

Beatriz   Tú mientes.

Castaño   Esto es cuanto a esto; que aquí
              vienen joyas excelentes
              en este contador que hoy
              es contador de mercedes.

Beatriz	Bien está; pero aquí falta una alhaja.
Castaño	¿Qué es?
Beatriz	Atiende. Un cierto vestido mío, que de estas bodas alegres de ribete se me da.
Castaño	Forzoso era que lo fuese; porque ya, Beatriz, di, ¿cuál vestido no es de ribete? Mas no le quise traer; que hay un grande inconveniente.
Beatriz	Di, ¿cuál?
Castaño	A mí me han parlado que de un bergantón ausente, que por Colada y Tizona era Mosquito dos veces, fuiste —sin ser la violada Violante de Navarrete— de sus botones ojal y de sus cintas ojete. Hame dado pesadumbre el caso, y no me parece que será puesto en razón que de Castaño se cuente con él te vistes y con otro te desnudas.

Beatriz	¡Tente!
	Pues ¿dasme el vestido tú?

Castaño	No; pero basta el traerle,
	que es como dar por tablilla
	a la bola que está enfrente.

Beatriz	Aun siendo eso, no hay razón;
	que Mosquito solamente
	fue, en hacer faltas con él,
	pelota de mi trinquete.
	Y, si va a decir verdad,
	tú solamente me debes
	más lágrimas en un hora
	que Mosquito en treinta meses;
	que de lástima le quise,
	solo por ser buen pobrete,
	mientras hallaba otra cosa.

Castaño	Tanto cuanto me enterneces.
	Éste es, Beatriz, el vestido
	hecho y derecho, y aquéste
	el manto.

Beatriz	Y éste, un abrazo.

Castaño	En fin ¿solo a mí me quieres?

Beatriz	No está en uso querer solo
	a nadie; basta quererte.
	Y, pues con tu amo hoy
	en casa vives, advierte
	que, si hay dares y tomares,
	habrá dimes y diretes.

Y adiós por ahora; que es bien
que aqueste aposento cierre
con llave, porque ninguno
aquí no salga ni entre.

Castaño   Adiós.

(Vase.)

Beatriz   Quédese el vestido
con lo demás. ¡Quién sirviese
un ama que fuera novia
cada mes una o dos veces!

(Vase. Salen a la puerta con César y Mosquito.)

Mosquito   ¡Vive Dios, que he de salir!

César   ¿Dónde has de salir? ¡Detente!

Mosquito   Si hemos oído cerrar
la puerta de este retrete,
y que han dejado en él dulces,
¿cómo podrás detenerme
cuando, aunque fueran amargas,
me supieran lindamente?

César   No hagas ruido.

(Saca la mano y arroja el un azafate al tomar otro, y derriba el bufete.)

Mosquito   ¿Cómo no,
si no me deja el bufete
abrir la trampa? Ya alcanzo

un azafate. ¡Oh, si fuese
el de los dulces! Los guantes
son. ¡El demonio los lleve!
A echar vuelvo la redada.

César   ¿Qué has hecho?

Mosquito   Ruido.

César   ¿Tú quieres
destruirme?

Mosquito   Comer quiero,
como tú.

César   Daréte muerte;
que es veneno para mí
todo lo que está presente.

Mosquito   Morir de veneno o hambre,
muere a lo más conveniente.

César   Harásme que todo junto
lo arroje, lo rompa y queme
con el fuego de mi pecho,
o que lo inunde y anegue
con el llanto de mis ojos.

Mosquito   Si tanto fuego tuvieses
y si tanta agua llorases,
¡que hacer pudiéramos este
chocolate! ¡Oh, Jesús mío!

César   ¡Que darse quejas oyese

don Juan y Lisarda, cielos,
ella con dulces desdenes,
él con amantes finezas,
y yo escucharlo pudiese!

Mosquito   Pues, si a eso va, yo también
he escuchado claramente
pisar al frisón Castaño,
y al haca morcilla en este
pesebre de amor; empero,
digan lo que se dijeren,
que de lástima me quiso,
sea buen pobrete o riquete,
y coma yo lo que él trae;
que otro despique no tienen
celos sino valer algo,
porque sabe lindamente
lo que otro compra.

César   En efecto,
ya aquí lo más conveniente
es dejar anochecer
y, despechado o valiente,
determinarme a salir.

Mosquito   Si tú en la calle tuvieses
prevenidos para todo
tus amigos y parientes,
fuera seguro el empeño.

César   Tú, Mosquito, que no eres
conocido, bien pudieras
—pues hoy anda tanta gente
revuelta en aquesta casa—

a salir de aquí atreverte.

Mosquito Por salir a beber algo,
no habrá cosa que no intente.

César Tú has de salir y avisar
de esto a quien yo te dijere.

Mosquito Yo sí hiciera, pero temo...

César Tú, aunque te vean, ¿qué temes?

Mosquito Ser tan rey que en la capilla
me diga misa un Bonete.
Pero algo he de hacer por ti;
y una cosa se me ofrece
para salir encubierto,
que no puedan conocerme.
El vestido de Beatriz
me disfrazará. A ponerle
ayuda.

César La puerta abren.

Mosquito Ya, por mal que nos sucede,
hay que comer y vestir.
Venga ahora lo que viniere.

(Éntranse los dos en la escalera. Salen a la puerta Lisarda y Beatriz.)

Beatriz Digo que en toda mi vida
no he visto tan excelentes
y aliñados azafates.

Lisarda	Verélos, porque no piense don Juan que no los estimo. Pero ¿qué estrago es aquéste?
Beatriz	Esto ya es hecho, porque es paso de La dama duende, y no he de pasar por él.
Lisarda	¿Quién entró que de esta suerte lo ha puesto, Beatriz?
Beatriz	Ninguno pudo entrar, porque yo siempre tuve la llave conmigo.
Lisarda	Pues, siendo eso así, tú tienes la culpa, que lo dejaste de modo que se cayese.
Beatriz	¿Cómo pudo?
Lisarda	¿Quién querías que para esto solo abriese?
Beatriz	Quien no abrió para esto solo. ¿Hay más desdichada suerte, señores?
Lisarda	Pues ¿qué más falta?
Beatriz	Mi vestido, y sin ponerlc.
Lisarda	¿Qué vestido?

Beatriz   El que me dio
              don Juan.

(Llora. Salen don Diego y Otáñez.)

Diego   ¿Qué ruido es aquéste?

Beatriz   ¡Y el manto también!

Lisarda   Aquí
              puso Beatriz todo este
              regalo que envió don Juan,
              y le hallamos de esta suerte,
              y falta un vestido suyo.

Beatriz   ¡Ay, señor, y sin ponerle!

Otáñez   Sí; pero no sin quitarle.
              Si una viga más tuviese
              esta casa, no faltara,
              Beatriz, tu vestido.

Diego   Siempre
              en las mudanzas de casa
              aquestas cosas suceden.
              Id cogiendo todo eso;
              y tú, trata recogerte
              en tu cuarto; porque el tiempo
              que aquí don Juan estuviere
              sin desposarse ha de ser
              el que menos ha de verte.

Lisarda   Tanto obedecerte estimo
              que, porque a verme no entre

de noche en mi cuarto, quiero
estar recogida. Venme
a desnudar, Beatriz.

Beatriz   Quien
me ha desnudado a mí puede;
que sabrá mejor que yo.

(Llora.)

Lisarda   No llores; que fácilmente
(Aparte.)   se remediará. (Aunque he dicho
que tengo de recogerme,
no lo he de hacer hasta ver
a qué hora don Juan viene.)
Trae luz, Beatriz.

Beatriz   ¡Ay, señores,
mi vestido, y sin ponerle!
¡Notable desdicha ha sido!

(Vanse Lisarda y Beatriz.)

Otáñez   Ha estado aquí tanta gente
hoy que no es mucho que falte
aun más que esto.

Diego   Otáñez, ¿tiene
prevenido ya su cuarto
don Juan?

Otáñez   Y curiosamente
aderezado.

Diego   Id a ver
si en él falta algo, y ponedle
luces; porque ya la noche
cerrando baja.
(Vase Otáñez.)   ¡Oh, qué alegre
día fuera para mí,
si mi hijo viviera éste!
¡Oh, si me viera vengado
del traidor que le dio muerte!
Mas no quiso mi fortuna
tantas dichas concederme
que llegase...

(Sale Celia con manto.)

Celia   Caballero,
si el amparar las mujeres
heredada obligación
es de todos los que tienen
noble sangre, pues con ella
nacieron a ser corteses,
amparad una mujer,
ya que la trajo su suerte
a vuestros pies; que no en vano
esta dicha he de deberle.
Un hombre, que de mi honor
le hicieron dueño las leyes
bárbaras que dispusieron
que padezca el inocente
los delitos del culpado,
siguiéndome —¡ay de mí!— viene,
y está en que no me conozca
el honor suyo y mi muerte.
Haced, por quien sois, señor,

que hasta aquí —¡ay cielos!— no entre;
porque yo, si no...

Diego
Callad,
no digáis más; que no deben
escuchar los caballeros
más razón a las mujeres,
para ampararlas, que verlas
afligidas. A tenerle
saldré, y aun a desvelarle
las sospechas que trajere.
Y, a no poder con razones,
podré con la espada; que este
pecho volcán es que ostenta
dentro fuego y fuera nieve.
Aquí esperad. Más de aquí
no habéis de pasar; que en este
cuarto una hija mía vive
y no quiero yo que llegue
a saber que hoy en el mundo
aquestas cosas suceden.

(Vase.)

Celia
Bien hasta aquí ha sucedido
este atrevimiento. Déme
fortuna Amor, si es que Amor
fortuna para sí tiene.
Acercaréme al tabique
de la escalera.

(Abre la puerta. Salen don César, y Mosquito vestido de mujer.)

César
Ahora puedes

salir mejor porque, siendo
ahora cuando anochece,
antes que se enciendan luces,
podrá ser salir sin verte;
que yo, hasta que eche de ver
que estás fuera, por si vuelves,
no me quitaré de aquí,
a todo trance valiente.

Mosquito   ¡Dios vaya conmigo, amén!

César   La seña, Mosquito, advierte
que ha de ser, cuando en la calle
estés con armas y gente,
disparar una pistola,
porque a mi noticia llegue,
para que yo salga.

Mosquito   Salga
yo ahora, que es lo que conviene.

Celia   Un bulto se ve acercando
a mí.

Mosquito   Un bulto hacia mí viene.

Celia   No podré llamar a César
en tanto que no se fuere.

(Truecan lugares Celia y Mosquito.)

Mosquito   Él no me ha visto, pues no
me habla nada.

Celia   ¡Oh, si se fuese!

Mosquito   ¡Oh, si encontrase la puerta!

(Sale don Diego, y llégase a Mosquito.)

Diego   Señora, seguramente
                          podréis salir; que en la calle
                          no hay un hombre que os espere.

Mosquito (Aparte.)   (Es grande merced que me hacen.)

Diego   Este portal, el de enfrente
                          y todos están seguros.

Mosquito (Aparte.)   (Lindamente me parece.
                          Si hay ángeles entrecanos,
                          el de mi guarda es aquéste.)

Diego   Venid conmigo; que yo
                          hasta donde vos quisiereis
                          iré con vos.

Mosquito (Aparte.)   (Que me place.
                          Si esto ahora me sucede
                          por un vestido inhumano,
                          que a media pierna me viene,
                          yo juro de no traer
                          otro traje eternamente.
                          Bien hayan los tres poetas
                          que piadosos y corteses
                          sacaron a luz los «Pri-
                          vilegios de las mujeres».)

Diego	¡Pobre señora afligida! Aun a hablarme no se atreve.

(Vanse.)

Celia	Ya se van los que allí hablaban; razón no pude entenderles. Ahora por la noticia de esta casa en pasos breves llegaré hasta la escalera. César, señor...
César	¿Por qué vuelves, Mosquito?
Celia	No soy quien juzgas, don César.
César	¿No? Pues ¿quién eres?
Celia	Detente; no te alborotes. Celia soy.
César	¿Celia?
Celia	Sí; que este extremo de amor no más que Celia supiera hacerle. Dejéte anoche —fue fuerza— cerrado —¡raro accidente!— y he enviado esta mañana a Inés, para que te diese aquella llave maestra con que tú salir pudieses

de aquí, donde a tus desdichas
les fuera más conveniente.
Halló la justicia aquí,
volvió después —¡dura suerte!—
y halló alquilada la casa
a tu enemigo en tan breve
tiempo. Mas ¿cuándo desdichas
gastaron más tiempo que éste?
No se atrevió a entrar en ella.
Yo, viéndote en tan urgente
peligro, aunque en casa estoy
de quien guardada me tiene,
de ella he salido. No importa
el cómo; basta que puede
mi ingenio haber hecho que
el mismo don Diego fuese
quien me trajese hasta aquí,
y a esta causa detenerme
no puedo. La llave es ésta;
con ella, cuando pudieres,
saldrás. Y adiós, César; que
si donde me dejó, vuelve
don Diego, y no me halla allí,
podrá ser que algo sospeche.

César   Oye, escucha.

Celia   No es posible;
y más ahora que viene
con luz. Cierra tú esa puerta,
porque a ti no puedan verte;
que a mí no importa, supuesto
que aquí don Diego me tiene;
pues el llegar hasta aquí

disculpará fácilmente
el mismo temor.

César   ¡Ay, Celia,
mucho mi vida te debe!
Amor, déjame pagar
obligaciones tan fuertes.

(Cierra la puerta. Sale con luz Otáñez, don Juan y don Diego.)

Diego   No quiso, en fin, la mujer
que acompañándola fuese
más que a esa primera calle.

Juan   ¡Extrañas cosas suceden!

Celia (Aparte.)   (No llego a hablar a don Diego,
hasta que solo se quede.)

Diego   Llevad esa luz al cuarto
de don Juan, ya que merece
mi casa desde este día
tan noble y honrado huésped...

Juan   La dicha, señor, es mía.

Diego   ...que yo he de quedarme en éste.

(Vase.)

Celia (Aparte.)   (Pues ¿cómo, sin acordarse
don Diego de que me tiene
aquí, en su cuarto ha entrado?
Sin duda, volviendo a verme

adonde me dejó y viendo
que faltaba, le parece
que me fui, sin esperarle.)

Juan   Hoy tengo de recogerme
temprano, porque Lisarda
no se enoje.

Celia (Aparte.)   (Si ha de verme
don Juan, mejor es contarle
lo que ha pasado; no lleguen
a echarme menos en casa,
que es ya muy tarde.)

(Sale Castaño.)

Castaño   Aquí viene
un caballero a buscarte.

Juan   ¿A estas horas? Dile que entre.

Castaño   Entrad.

(Sale don Félix.)

Félix   A solas me importa
hablaros.

Celia (Aparte.)   (¡Mi hermano es éste!)

Juan   Salíos los dos, y dejad
la luz sobre ese bufete.

(Vanse Otáñez y Castaño.)

Celia (Aparte.)	(En extraño aprieto estoy.
	Ni a salir puedo atreverme
	ni a estar aquí. Aquí me escondo,
	hasta que se vaya Félix.)
Juan	Ya estáis solo. ¿Qué traéis?
	Hablad.
Félix	Sí haré, si pudiere.
Juan	Apasionado venís.
	Mejor estaréis en este
	cuarto; entrad donde os sentéis.
Celia (Aparte.)	(¡Ay de mí, si llega a verme!)
Félix	No he venido tan despacio.
	Escuchad; yo seré breve.

Don Juan, si sois mi amigo,
y si de que lo soy vuestro es testigo
aquesta casa, donde —¡voz no tengo!—
vos me buscasteis, y a buscaros vengo,
que en un día no más están trocados
en los dos con la casa los cuidados;
oídme, aunque parezca villanía,
venir tan puntual la pena mía
a cobrar una deuda a que obligado
estáis.

Juan   A todo estoy determinado.
Decidme; ¿qué mandáis?

Félix   Una fineza
digna de ese valor y esa nobleza.

Juan   Decis, pues, ¿qué queréis?

Félix   Que, si habéis hecho
más diligencias, como yo sospecho,
de saber de don César, homicida,
que a vuestro primo le quitó la vida;
si habéis rastreado —¡ay cielos!— o sabido
dónde en todo Madrid está escondido,
pues le habéis de buscar determinado...

Juan   ¿Qué?

Félix   Que habéis de llevarme a vuestro lado.

Juan   Eso, Félix, yo había
de pedíroslo a vos.

Félix   La pena mía
esto os ruega, porque —¡desdicha fuerte!—
me importa, más que a vos, darle la muerte.

Juan   Pues ¿qué os ha sucedido
con él de anoche acá, que os ha movido
a salir solo a esto?

Félix   Yo os dijera
la causa, si la causa lo sufriera;
que pronuncian de un noble   ¡ay Dios!— los labios,
o mal o tarde o nunca los agravios.

Juan   ¿Agravios, Félix?

Félix	Sí.

Juan	No sois mi amigo si más claro no habláis aquí conmigo.

Félix	Sí hablaré, aunque el honor con la voz lucha.

Juan	Hablad, pues otro vos solo os escucha.

Félix

Yo tengo —idudo, ay Dios, cómo lo diga!—
una aleve, una fiera, una enemiga,
una injusta tirana,
una —¿qué sirven frases?— una hermana.
Ya lo dije, y en la ansia que me aflige,
solo es consuelo ver que a vos lo dije.
Esta, pues, causa fiera
de que yo desde Italia me viniera,
en Madrid me ha tenido,
hermano, con cuidado de marido.
iMal haya parentesco tan injusto
que es tan todo al pesar, tan nada al gusto!
Que otros celosos tienen ocasiones
de engañar con halagos sus pasiones;
mas no un hermano, que, entre sus desvelos,
halagos no halla en que engañar sus celos.
En fin, anoche a Celia —ya los visteis—
llevé a una casa —testigo fuisteis—;
pues hoy de ella ha faltado —iay enemiga!—,
diciendo que iba a ver a cierta amiga,
y volviendo por ella,
no estaba de visita ya con ella.
La amiga, pues, turbada
dijo que de su casa disfrazada

salió, porque la dijo ser su intento
el irme a verme a mí al retraimiento,
y que importaba mucho sola fuese,
porque, al verla, de mí nadie supiese.
Diréis que esta desdicha ¿en qué ha tocado
a César? Pues de él nace mi cuidado,
cuando en la guerra yo de paz gozaba,
el dueño de la casa en que hoy estaba
me escribió que la muerte
que a vuestro primo dio César —¡oh fuerte
dolor!— por ella fue, yo he inferido
que, habiendo ayer —¡ay Dios!— César venido,
y hoy mi hermana faltado,
no le dé aquella causa este cuidado.
Y así, pues a vos hoy en esto alcanza
un enojo venganza,
y en mí mi desagravio,
cuerdo solicitad e inquirid sabio
dónde está. Deudos tiene, amigos tiene,
y buscarle entre todos nos conviene;
que yo, desesperado,
ya que tan claramente aquí os he hablado,
me voy huyendo, porque en tanto abismo
aun yo tengo vergüenza de mí mismo.

(Vase.)

Juan   Esperad; que no tengo de dejaros
ir solo, y es preciso acompañaros.
Cerrad —¡hola!— esta puerta
y, hasta que vuelva yo, a nadie esté abierta.

(Vase.)

Celia	¿Habrá, cielos más desdichas?
	¿Habrá, cielos, más temores
	que en mi agravio se conjuren,
	que en mi daño se convoquen?
	¿Qué he de hacer aquí?

(Salen medio vestidas Lisarda y Beatriz.)

| Lisarda | ¿Qué dices, |
| | Beatriz? |

| Beatriz | Digo lo que oyes |

| Lisarda | ¿Don Juan ha vuelto a salir |
| | de casa a la media noche? |

| Beatriz | Sí, señora. |

Celia (Aparte.)	(Mas ¿qué dudo?
	Estas ciegas confusiones,
	si no...)

(Lisarda repara en Celia.)   Mas ¡ay de mí!)

| Lisarda | Aguarda. |

| Beatriz | Pues ¿qué hay que así te alborote? |

| Lisarda | ¿Quién eres? |

| Celia | Una mujer. |

| Lisarda | ¿A quién buscas aquí? |

| Celia | A un hombre. |

Lisarda	Descúbrete.
Celia	No haré.

(Éntrase. Gritando Beatriz.)

Beatriz	Ésta es, sin duda,...
Lisarda	No des voces.
Beatriz	...la que me hurtó mi vestido.
Lisarda	Huyendo de mí, se esconde.
Beatriz	No entres allí, sin llamar gente.
Lisarda	¡Qué poco conoces de celos! Toma esa luz. Donde hay celos, no hay temores.

(Éntranse Lisarda y Beatriz tras Celia. Sale don César.)

César	Ya que, tan quieta la casa, ruido ninguno se oye, saldré, pues que tengo llave con que abrir, para ir adonde repare el daño de Celia que escuché. ¿Ahora estáis torpes, pies? Mirad que las desdichas tienen pasos de ladrones. La puerta hallé ya. Adiós, pues,

infelices confusiones
de un desdichado. ¡Ay, Lisarda,
goza feliz tus amores,
sin verlo yo!

(Al abrir la puerta don César, sale don Juan.)

Juan   ¿Quién va allá?

César (Aparte.)   (¡Ay de mí!)

Juan   ¿Quién es?

César   Un hombre.

Juan   ¿Qué hombre en esta casa?

César   Uno
que, si el mundo se le opone,
ha de salir, sin que nadie
le conozca ni lo estorbe.

Juan   Sí hiciera, a no ser yo quien
a estorbarlo se dispone.

(Vuelve a salir Celia, y Lisarda tras ella.)

Lisarda   Tengo de verte la cara.

Celia   No harás, aunque a eso te arrojes.

Lisarda y César   ¿Cómo has de estorbarlo?

Juan y Celia   Así.

(Mata Celia la luz, y sacan don César y don Juan las espadas y riñen. Habla dentro Beatriz.)

Beatriz   Ruido de espadas se oye.

César   Alborotada la casa
                  está. Vuelvo a entrarme donde
                  no me vean.

Lisarda   ¡Hola! ¡Luces!

Celia   El mismo secreto logre,
                  escondiéndome en él.

Juan   No
                  te siguen mis pies veloces
                  por no dejar esta puerta.

Lisarda   Porque la puerta no tomes,
                  de ella no me he de apartar.

Juan   ¡Traed luces!

Lisarda   ¿Nadie me oye?

César   ¿Quién va?

Celia   ¡César!

César   Entra, Celia,
                  y en la escalera te esconde.

(Éntranse Lisarda y don Juan por las puertas de los lados, y don César y Celia por la de la escalera.)

Fin de la segunda jornada

Jornada tercera

(Salen don César de la escalera, como acabó la jornada segunda, y saca a Celia desmayada.)

César   Apenas... Sin reparar
                      mis desdichas en la ociosa
                      murmuración del que diga
                      que no está bien a la honra
                      de Celia haberse ocultado,
                      iré pasando por todas
                      estas calumnias injustas,
                      atento a su vida sola.
                      Desmayada o muerta, en fin,
                      ha estado apenas un hora;
                      y, aunque rendida, y al susto
                      de que a su hermano le oiga
                      que la ha de dar muerte, ya
                      a la pasión rigurosa
                      de verse en ajena casa,
                      donde sus peligros nota,
                      mire yo qué medio pueden
                      darme mis ansias dudosas.
                      Llamar a quien con piedad
                      la vida a Celia socorra
                      no es posible; pues dejarla
                      morir sin remedio y sola
                      será crueldad. Si de cuantos
                      oyeren después mi historia
                      alguno ha de haber que diga
                      qué tuve que hacer, no esconda
                      su ingenio, sino anticipe
                      el consejo a la congoja.
                      Irme y dejarla es bajeza;

y más habiendo ella propia
venido a darme la vida.
Declararme es acción loca.
Si a darme la libertad
has venido, oh Celia hermosa,
¿cómo eres tú misma, cómo
la que me la quita ahora?
¿En quién hallaré consuelo?
Mas a una persona sola
me puedo fiar. Beatriz,
en quien mi pena amorosa
halló favor, o le hallaron
mis dádivas generosas,
valerla podrá; que, en fin,
cualquier mujer es piadosa,
y de la que está alfigida
el mejor médico es otra.
Yerre o acierte, a ella quiero
declararme; que, aunque ponga
a riesgo todo el secreto,
¿a qué más riesgo que ahora
puede estar entonces? Haga
leal a mi pena traidora.
Este medio elijo, pues
no me dan otro que escoja;
y, pues aclarando el día
viene en brazos de la aurora,
a buscar voy un remedio.
Ya vuelvo. Celia, perdona.

(Déjala sentada y vase, y vuelve Celia en sí.)

Celia   ¡Ay de mí! Mi propio aliento
es el que hoy más me ahoga;

pues aun para respirar
le niega al pecho la boca.
Sin vida estoy; y con alma,
toda viva y muerta toda.
¿A quién dieron sus desdichas
en aire a beber ponzoña?
César, si acaso... ¿Qué es esto?
¿Fuera del tabique y sola
estoy, sin hablar con nadie
que me escuche y me responda?
¡César! ¡César! Me ha dejado,
hase ido, es cierta cosa;
pues él de aquí no saliera
con tal riesgo su persona
sino para irse... ¿Qué dudan
mis desdichas, o qué ignoran?
Pues dos veces serán ciertas,
por ser desdichas y propias.
¡Ay ingrato, que primero
que a mí, tú en salvo te pongas!
¿Qué he de hacer? Si hablo a Lisarda,
estando de mí celosa,
es error; si a don Juan hablo,
siendo don Juan quien hoy toma
a cargo el honor de Félix,
es aventurarme loca.
Solo a don Diego pudiera
decir menos temerosa
todo el suceso; que al fin
es noble, y solo a la sombra
de las canas del honor
seguramente reposa.
Esto es, si no lo mejor,
lo menos malo, aunque ahora

ejecutarse no pueda;
porque ya una puerta y otra
de Lisarda y de don Juan
abren. Otra vez me esconda
este sepulcro que yo,
al rigor de mis congojas,
como gusano de seda,
fabriqué para mí propia.

(Éntrase en la escalera. Salen Lisarda, Beatriz, don Juan y Castaño, por las puertas de los lados.)

Lisarda	Mira si está ya vestido mi padre. ¡Triste cuidado!
Juan	Mira si está levantado don Diego. ¡Pierdo el sentido!
Beatriz	En su aposento hay ruido.
Castaño	Ruido en su cuarto sentí.
Lisarda	Contaréle lo que vi.
Juan	Sin declararle por qué, licencia le pediré.
Lisarda	¿Es don Juan?
Juan	¿Lisarda?
Lisarda	Sí.
Juan	¿Qué es esto? ¿Tan desvelada

te tiene aquel embozado...?

Lisarda   ¿Tan necio a ti te ha dejado
aquella dama tapada...?

Juan   ¿...que a estas horas levantada
estás?

Lisarda   ¿...que me hablas así?

Juan   Yo digo lo que yo vi.

Lisarda   Yo digo lo que vi yo.

Juan   Y eso ¿no es mentira?

Lisarda   No.
Pero esotro ¿es verdad?

Juan   Sí.

Lisarda   Mira, no me hagas, don Juan,
perder el juicio, por Dios.

Juan   Perderémosle los dos,
si en eso tus cosas dan.

Lisarda   Pues que presentes están
solo los que han entendido
todo lo que ha sucedido,
hablemos con más acuerdo.

Juan   ¿Cómo he de hablar, cuando pierdo
de imaginarlo el sentido?

Lisarda	Pues ¿qué viste?
Juan	Un hombre vi que de este cuarto salía, y con una llave abría.
Lisarda	Pues escucha ahora.
Juan	Di.
Lisarda	Si ayer, don Juan, vine aquí, ¿qué tiempo tuve, don Juan, para dar a ese galán llave del cuarto? ¿No ves cuánto mejor pensar es que son ladrones, que están más hechos a esos excesos?
Juan	No son en las ocasiones tan valientes los ladrones.
Lisarda	Valientes hacen sucesos; y ayuda también a esos discursos haber habido un hurto, si ya no ha sido que quieres decir también que mi galán era quien hurtó a Beatriz el vestido.
Beatriz	¡Y nuevo!
Lisarda	Más fundamento hubiera en lo que vi aquí.

Juan	¿Qué viste?
Lisarda	Una mujer vi recogida en tu aposento.
Juan	¿Fuera tal mi atrevimiento que yo a tu casa trajera mujer la noche primera que era huésped?
Lisarda	Quien le tiene tal que a media noche viene, tenerle en todo pudiera.
Juan	Si de una a otra queja pasa, ambas las he de amparar. ¿Qué había de ir a buscar si estaba mi dama en casa? Luego en suerte tan escasa bien claro te da a entender el que yo tuve que hacer otra cosa, o que no ha sido mi dama la que he escondido, pues que fuera la iba a ver, si no soy tan infeliz y tengo tan mala fama que presumas que mi dama le hurtó el vestido a Beatriz.
Beatriz	¡Y sin ponerle!
Lisarda	Un matiz viste con igual porfía

tu queja y la mía este día,
porque haya quien arguya,
para creída la tuya,
y para duda la mía.

Juan   Porque no tiene en la ira
tan grande facilidad
el decir una verdad
como oír una mentira.
Fuera de que, si se mira
igual la queja al dolor,
aun en lo igual es mayor
la mía, y apurar es justo
que la tuya toca al gusto,
Lisarda, y la mía al honor.

Lisarda   Bien sabe mi vanidad
que de tal hombre no sé.

Juan   Verdad cuanto dije fue.

Lisarda   Será de otra calidad
tu verdad de mi verdad.

Juan   Sí; que en mí duda el honor.

Lisarda   En mí acredita el valor.

Juan   Yo sé que un hombre he encontrado.

Lisarda   Yo, que una tapada he hablado.

(Sale don Diego.)

Diego	¿Qué es esto?
Lisarda y Juan	Nada, señor.
Diego	¿Tan presto los dos —iay Dios!— levantados? Don Juan ¿pues tan mal hospedaje es esta casa para vos, y aun para ti, que los dos estáis a esta hora vestidos?
Juan (Aparte.)	(Disimulen mis sentidos.) ¿No miras que, desvelados, mal amorosos cuidados consienten ojos dormidos?
Lisarda	Si a mí me estuviera bien, la misma respuesta diera.
Juan (Aparte.)	(iOh quién creerla pudiera!)
Lisarda (Aparte.)	(iOh quién no dudarla, quién!)
Diego	La disculpa está muy bien fundada; y, porque veáis si en obligación me estáis, para sacar madrugué una licencia, con que hoy desposaros podáis, de las amonestaciones supliendo la dilación.
Juan	Yo estimo, como es razón, las muchas obligaciones

en que cada día me pones;
pero basta haber traído
la dispensa, que ha suplido
el parentesco, y no es bien
hacer dispensar también
el tiempo, que...

Lisarda   Y yo te pido
que lo dilates, señor,
todo cuanto tú pudieres.

Diego   Si esto pides y esto quieres,
aun nunca será mejor.
Pero paréceme error
madrugar para tan vana,
tan inútil, tan liviana
pretensión; y, en fin, si no
queréis hoy casaros, yo
quizá no querré mañana.

Juan   Yo, señor, siempre...

Lisarda (Aparte.) (¡Ay de mí!)

Juan   ...me tendré por muy dichoso
en ser de mi prima esposo.
Excusarte pretendí
nuevos cuidados; y así...

Diego   Claro está que no habrá sido
otra la causa que ha habido;
porque —aquí para los dos—
ni me la dijerais vos,
no, ni yo la hubiera oído.

(Vase.)

Lisarda	Bien ves cuán necio has estado.

Juan   ¿Has tú acaso, por tu vida
estado más entendida?

Lisarda   Sí; pues he disimulado
tanta parte a mi cuidado.

Juan   Yo no sé disimular
a mi costa mi pesar;
y, hasta que sepa después
quién el embozado es,
no me tengo de casar.

(Vanse don Juan y Castaño.)

Lisarda   ¡Cielos! ¿Habrá sufrimiento
para tanta sinrazón?
¿Sospechas en mi opinión,
en mi fe deslucimiento,
cuando mi honor, siempre atento
a su vanidad, ha sido
risco del mar combatido,
roble del viento azotado,
donde uno y otro cuidado
se quedaron con el ruido?
   Dígalo aquél que, sitiada,
por agua y viento movida,
de lágrimas combatida,
de suspiros asaltada,
en vano solicitada

111

la admiró sin titubear;
que al temer y al suspirar
no la hicieron movimiento
ni las ráfagas del viento,
ni las ondas de la mar.

Beatriz   Sentir, señora, es error
las cosas con tanto extremo.

Lisarda   A nadie más que a mí temo.

Beatriz   Entra en este tocador
[a aderezarte] mejor,
que ya de ir a misa es hora.

Lisarda   Poco gusto tengo ahora
de tocarme; así me iré.
Dame tú el manto, porqué
no he de ir tarde así.

Beatriz   Señora,
el manto está aquí; que yo
limpiándole ahora estaba.

Lisarda   Ponle, y ponte el tuyo. Acaba,
y llama a Otáñez.

(Vase Beatriz.)   ¿Quién vio
más pesares? ¿En mí halló
entrada indicio tan grave?
Mas, ¡ay!, que no hay quien se alabe
de que se libró a esta ofensa,
donde es vicio que se piensa
más que virtud que se sabe.
¿Hombre en mi casa escondido

que pudo dar tal cuidado?

(Tiene puesto el manto, siéntase en una silla y quédase suspensa. Sale don César.)

César

    Ocasión de hablar no he hallado
a Beatriz; pero harto ha sido
no ser de nadie sentido,
y vuelvo —iay Dios!— porque no
a Celia, que aquí quedó
desmayada, hallen aquí.
¿Todavía estás así,
mi bien?

Lisarda

    ¿Quién me habla así?

César

Yo.

Lisarda

    Pues ¿tú, don César...?

César

¡Qué azar!

Lisarda

    ¿...en mi casa?

César

¡Qué temor!

Lisarda

    ¿Tú en mi cuarto?

César

¡Qué rigor!

Lisarda

    Responde.

César

No acierto a hablar,
porque, helado...

Lisarda	¡Qué pesar!
César	...el labio...
Lisarda	¡Qué sinrazón!
César	...enmudece...
Lisarda	¡Qué traición!
César	...y al verte...
Lisarda	¡Qué atrevimiento!
César	...le falta aliento al aliento,
	y razón a la razón.

Lisarda

¿Cómo, di, el rostro encubierto,
César —¡ay cielos!— tuviste,
cuando la vida me diste,
y no ahora, que me has muerto?
Erradas, César, advierto
tus acciones, por indicios
de trocados ejercicios;
pues hacen tu voz y labios
cara a cara los agravios,
pero no los beneficios.
    Si, cuando más me adoraste,
de mí más dejado fuiste,
si del todo me perdiste,
cuando a mi hermano mataste,
baste ya, don César, baste
la porfía; que ésta fue

tu estrella. Ya me casé;
ya no te queda esperanza.
Si no vienes por venganza,
di, ¿por qué vienes, por qué?
Hable tu temeridad.

César (Aparte.) (¿Cómo la he de responder?
Pues, cuando yo quiera hacer
virtud la necesidad,
echando a su voluntad
la culpa, para movella,
Celia, pues no llego a vella,
cobrada al desmayo, está,
sin duda, oyéndome ya.
¡Oh qué tirana es mi estrella!)

Lisarda ¿Qué dices?

César Si yo supiera
decir a lo que he venido,
mi discurso enmudecido
¡qué buen retórico fuera!
Solamente considera,
pues que yo mismo lo ignoro,
pues no lo digo y lo lloro,
que vendré en mal tan severo
o a vivir con lo que quiero,
o a morir con lo que adoro.
Si está en esta casa el bien
que yo adoré y yo perdí...

Lisarda César, no me hables así;
que ya no es justo ni es bien.
Cobarde la voz detén,

y dime si anoche fuiste
el que a esta casa veniste
a darme la muerte.

César   No.

Lisarda   Pues déte dos vidas yo,
por una que tú me diste.
   Vete ya de aquí; porqué,
si mi padre o si mi primo,
a quien como esposo estimo,
ya uno o ya otro te ve,
es fuerza que yo les dé
satisfacción.

César (Aparte.)   (¡Que esto haya!
Parad, desdichas, a raya.)

Lisarda   Vete, antes que a verte lleguen.

César (Aparte.)   (¿Quién creerá que ya me rueguen
que me vaya, y no me vaya?
   Pues no he de dejar en tal
peligro a Celia.)

(Sale Beatriz alborotada.)

Beatriz   ¡Ay señora!
¿Esto tenemos ahora?

Lisarda   ¿Qué hay, Beatriz? ¿Es otro mal?

Beatriz   Pendencia hay en el portal;
y en las voces y el rumor

es...

Lisarda   ¿Quién?

Beatriz   Don Juan, mi señor,
                 con un hombre que ha encontrado
                 en la calle.

César (Aparte.)   (Mi cuidado
                 siempre viene a ser mayor.)

Lisarda (Aparte.)   (¡Ay de mí! Si ve salir
                 de aquí a don César don Juan,
                 a evidencias pasarán
                 sus sospechas; pues decir
                 que él se ha atrevido a venir
                 sin mí a estar aquí conmigo,
                 haciendo a mi honor testigo,
                 otra sospecha es cruel;
                 pues no se viniera él
                 en casa de su enemigo
                   a no tener ocasión
                 mayor que a esto le obligara.)

César   Déjame salir.

Lisarda   Repara
                 que estoy en gran confusión.
                 Mi opinión por mi opinión
                 hoy aventurar intento.
(A Beatriz.)   Llévale tú a tu aposento.

César   Más seguro aquí estaré.
                 Déjame aquí.

Lisarda	¿Para qué?
	Que esto es público a mi intento.

César (Aparte.)	(Si le descubro el secreto,
	no sé después lo que hará
	por librarse; y, pues está
	libre Celia de este aprieto,
	callarle quiero en efeto.)

Beatriz	Ya sube por la escalera
	don Juan con otros.

Lisarda	¿Qué espera
	tu vida? Escóndete, pues,
	por mi honor hasta después.

César	Solo por tu honor lo hiciera.

(Vase con Beatriz don César. Salen Otáñez y Castaño, que traen agarrado a Mosquito, y don Juan.)

Juan	Traedle los dos de esa suerte
	hasta que en este aposento
	diga dónde está su amo.

Mosquito	¡Séame testigo el cielo
	de que se han hecho justicia!
	Sin vara y sin mandamiento,
	¿cómo me pueden prender
	vuesas mercedes?

Lisarda	¿Qué es esto?

| Mosquito | Dos alguaciles, señora,
porfían, a lo que entiendo,
por no decir que hacen punta,
pues a estocadas me han muerto,
en traerme aquí, sin saber
por qué. |
|---|---|
| Lisarda (Aparte.) | (¡Ay de mí! Ya sospecho
la causa. Aquéste es criado
de César. Cuando aquí dentro
entró, se quedó en la calle,
adonde le conocieron.) |
| Juan | Yo te diré lo que ha sido.
Este hombre que traemos
es de don César criado. |
| Lisarda (Aparte.) | (Bien discurrí yo en lo cierto.) |
| Juan | Pasaba por esta calle
mirando y reconociendo
esta casa; y es, sin duda,
que, estando aquí de secreto
César y habiendo sabido
que yo le busco resuelto,
envía a saber mi casa
para matarme; y yo quiero
que este criado me diga
dónde está su amo... |
| Lisarda (Aparte.) | (¡Hoy muero,
si él lo dice!) |
| Juan | ...porque yo |

madrugue y mate primero.
Metíle en este portal,
donde amenazas y ruegos
no han torcido su lealtad.
Y así por fuerza pretendo
que me lo diga; pues hoy
he de matarle, si luego
no dice dónde está César.

Mosquito (Aparte.)   (Yo lo dijera bien presto,
si no me hubieran traído
donde él mismo me está oyendo.)

Juan   ¿Dónde está tu amo? Dilo.

Mosquito   Sí diré.

Lisarda (Aparte.)   (¡Válgame el cielo!
Hoy acabará mi vida
si dice que está aquí dentro.)

Mosquito   No está muy lejos de aquí.
(Aparte.)   (Y es verdad.)

Lisarda (Aparte.)   (¡Ay de mí!)

Juan   ¡Ea, presto!
¡Dilo, pues!

Mosquito   En Portugal
entretenido le dejo
en ver unos folijones
que le dan mucho contento.

Juan

Si yo sé que está en Madrid
y que ha venido encubierto
tres días ha, que se apeó
en una posada, y luego
sé que Celia está con él,
¿cómo solicitas, necio,
encubrirlo?

Mosquito

Pues ¿hay más
de que me den un tormento?
¿Quién querrá hacerse verdugo,
ya que lo demás se han hecho,
sin más títulos?

Juan

Yo sé
lo que se ha de hacer en esto.
Palabra a Félix he dado
que en público ni en secreto
no haré diligencia alguna
sin darle cuenta primero,
como más interesado
en la venganza que emprendo;
y así me importa avisarle
de que a este criado tengo
en mi poder; y entre tanto
que aquí con don Félix vuelvo,
que en un coche será fácil,
quedará en este aposento
o retrete, que al fin es
más recogido y secreto,
pues que solo tiene paso
a mi cuarto; y así cierro
porque, hasta hablar a mi amigo,
el lance apurar no puedo.

Lisarda (Aparte.)   (¡Quiera el cielo que se vaya,
porque pueda en este tiempo
echar a César de casa!)
Don Juan, en todo obedezco.

Juan   Dejadle solo los dos
y, a que nadie salga atentos,
no os quitéis de ese portal.

Castaño   En él, señor, estaremos,
para que ninguno entre
ni el bergante salga.

Mosquito   Quedo;
que prender pueden ustedes,
mas no hablar mal, caballeros.

Juan   Que, si la verdad no dices,
morirás. Solo te dejo
a que pienses lo mejor.
Aconséjate a ti mismo
o el secreto descubrir
o dar la vida a este acero.

(Vanse todos, cerrando la puerta, menos Mosquito.)

Mosquito   «¿Dar a este acero la vida
o descubrir el secreto
—y— aconséjate contigo?»
Aquéste es —¡viven los cielos!—
un lance muy apretado.
Pero ¿qué dudo ni temo,
si la cárcel donde estoy

es la misma que le dieron
a mi amo sus desdichas?
Y que él lo sabe ya es cierto,
pues esperando estará
la diligencia que dejo
hecha para aventurarse
a salir. Llamarle quiero.
¡Ah de la escalera! Bien
puedes salir sin recelo;
que yo solo estoy aquí,
porque no es nadie mi miedo.

(Sale Celia tapada por la puerta de la escalera.)

Celia (Aparte.)   (Fuerza es abrir, porque no
dé más golpes este necio,
y porque razón me falta.)

Mosquito   Señor, pues ¿qué ha sido esto?
¿Has hurtado otro vestido
para salir encubierto
como yo? Has hecho muy bien;
que vive aquí un señor viejo
que anda sacando mujeres
con grandísimo respeto.
Ni una mano me tomó.
Pero las burlas dejemos.
¿Has sabido lo que pasa?
¡Habla, vive Dios! ¿Qué es esto?

Celia   ¡Ay de mí!

Mosquito   La voz también
has hurtado, a lo que entiendo,

con el vestido. ¿Has estado
acaso en muda este tiempo?
Porque yo te dejé bajo,
y tiple, señor, te encuentro.
Mas cuánto va que Lisarda,
agradecida a aquel tiempo
que la quisiste, te ha dado...

Celia   Calla; que aqueso me ha muerto.

Mosquito   ¡Santo Dios, mujer es ésta!
Yo mil veces he oído un cuento
de una monja a quien salió
una escupidura, haciendo
una fuerza, y que de monja
quedó monjo en un momento;
pero de un galán hacerse
una dama no me acuerdo
haberlo visto en mi vida.

Celia   Calla, si no quieres, necio,
que te dé muerte mi rabia.

Mosquito   ¿Celia?

Celia   Sí.

Mosquito   Pues ¿qué es aquesto?

Celia   Es haber venido a ver,
de mi honor y vida al riesgo,
la mayor traición de un hombre.
Harto así te lo encarezco.
  César, a quien vine a dar

la vida, en pago me ha muerto;
que, sabiendo que yo estaba
en tan riguroso aprieto,
me dejó, por declararse
con Lisarda, donde —iay cielos!—
le oí decir que era su amor
el que le trajo a este puesto.
Salir quise, cuando oí
las gentes que te trajeron,
y disimulé, a pesar
de mi amor y de mis celos,
hasta que tú me llamaste.

Mosquito   ¿Y mi amo?

Celia   Estará a este tiempo
dando quejas a Lisarda.

Mosquito   ¿De qué?

Celia   De su casamiento.
Mas porque no se dilaten
los inconvenientes nuestros,
he de decir la verdad
a voces, porque con esto,
desengañado don Juan
de sus bien fundados celos
y asegurada Lisarda,
los mire César más presto.

Mosquito   ¿Ahora de celos te acuerdas
ni de amor, cuando tenemos
más cosas a que acudir
que agentes con muchos pleitos?

Celia	Pues dime tú, ¿cómo fue el venir tú aquí?
Mosquito	Encubierto salí de aquí. A don Rodrigo, de César amigo y deudo, avisé de todo el caso, porque viniese resuelto a guardarle las espaldas esta noche. Él, para hacerlo, me dijo que le enseñase la casa en que estaba, pero que no pasásemos juntos por ella los dos. Con esto venimos por las dos ceras y yo quedémela viendo, porque él reparara en ella. Pasó adelante. A este tiempo don Juan venía a su casa. Conocióme, y muy soberbio en su portal me metió. Negar quise, y en efecto él y todos sus criados a esta parte me trajeron, donde pensé que él estaba todavía, y donde al juego de esta escalera he jugado «mete ruin y saca bueno».
Celia	¿Y qué hemos de hacer ahora los dos aquí?
Mosquito	¿Qué sé de eso?

Celia	Antes que mi hermano venga, llamar a esta puerta quiero y descubrirme a Lisarda de una vez, porque don Diego en casa no está a estas horas; que Lisarda, por lo menos, es mujer noble y será piadosa.
Mosquito	Y es lo más cierto.

(Llama Celia a la puerta. Dentro Beatriz.)

Beatriz	Mosquito, no puedo abrirte; sabe Dios si lo deseo, porque se llevó don Juan la llave; mas lo que puedo asegurarte es que César, que ahora está en mi aposento con mi ama hablando, no quiere irse, dejándote dentro.
Mosquito	Ésta es Beatriz, la criada de Lisarda.
Celia	¡Nada, cielos, he de escuchar y he de ver que no sea otro tormento!
Mosquito	Mira si puedes abrirme; que estoy con piedra sospecho, pues es el abrirme cura.

Beatriz	Ya te he dicho que no puedo. Mucho me pesa el verte en tan riguroso aprieto; pero no puedo llorar.
Mosquito	Y yo, pícara, lo creo; porque yo soy un pobrete, a quien de lástima un tiempo quisiste.
Beatriz	A eso respondiera; pero no me toca hacerlo a quien encerrado garla.
Celia	Cerró el paso a mi remedio llevarse don Juan la llave, y abrióle a mi sentimiento.
Beatriz	Encomiéndate, Mosquito, a Dios; que don Juan ha vuelto con aquel amigo suyo que le buscó anoche.
Celia	¡Cielos, mi hermano es!
Mosquito	Aquí, señora, lo mejor es escondernos. Vivamos un rato más, mientras buscan el secreto.
Celia	Dices bien. Mas ¡ay de mí! que tropezando y cayendo voy.

Mosquito   Cerraré yo la trampa,
                      pues que no llegas a tiempo.

(Éntrase Mosquito, dejando fuera a Celia.)

Celia   ¡Hombre ruin, en fin...!

(Salen don Juan y don Félix.)

Juan   Aquí,
                      como os he dicho, le tengo
                      encerrado.

Félix   Pues cerrad
                      la puerta ahora por de dentro,
                      y quedémonos con él
                      solos; que ¡viven los cielos!
                      que ha de decir de su amo
                      o hemos de dejarle muerto.

Juan   Ya veis el riesgo en que estáis,
                      hidalgo... Pero ¿qué es esto?
                      Donde un criado dejé,
                      ¿tapada una dama encuentro?

Félix   ¿No me dijisteis que estaba
                      cerrado en un aposento
                      el criado, y que no había
                      por donde salir?

Juan   Y es cierto.

Félix   No mucho, pues él se ha ido,

y una dama es la que vemos.

Juan   ¡Vive el cielo, que la llave
                        llevé conmigo!

Félix   Apuremos
                        de una vez el desengaño.

(Don Félix se queda junto a la puerta, y llega don Juan a hablar a Celia.)

Juan   Señora, aunque es el respeto
                        alma de un noble, tal vez
                        rompe a las leyes el fuero
                        la necesidad.

Celia (Aparte.)   (¡Ay triste!)

Juan   Hoy es fuerza conoceros,
                        saber cómo estáis aquí,
                        con qué fin, con qué intento;
                        que me costáis dos pesares
                        ya, si sois la que sospecho;
                        y he de saber de un criado,
                        que aquí quedó, qué se ha hecho,
                        cómo se fue y vos entrasteis.
                        Descubríos, o grosero
                        me haréis ser con vos.

Celia (Aparte.)   (Huir
                        ya no puedo.) Deteneos,
                        señor don Juan, y advertid
                        que me debéis más respeto
                        por quien sois y por quien soy.

Juan	Ni os conozco ni os entiendo.
	¿Quién sois? ¿Cómo estáis aquí?
	¿Dónde el criado? ¿Qué es esto?
Celia	Tres cosas me preguntáis,
	y a dos he de responderos.

Yo he venido a buscaros,
don Juan, porque me importa mucho hablaros.
Entrando en esta casa, vi que había
en este cuarto un hombre, y de él salía.
presumiendo que fuera algún criado
vuestro, le pregunté por vos. Turbado
me dijo el tal: «Aquí vendrá al momento;
si le habéis de esperar, a este aposento
entrad». Dejóme en él, y por de fuera
volvió a cerrar la puerta, de manera
que la llave que él tuvo acaso ha sido
causa de quedar yo y haberse él ido.
Con que respuesta he dado
al cómo estoy aquí, y él ha faltado.
Quién soy y a lo que vengo
no lo puedo decir.

Juan	Pues de eso tengo
	más deseo, y es tanto
	que no he de ir a buscarle, aunque he sabido
	que de casa no puede haber salido;
	y así quitad el manto
	del rostro.
Celia	Ved, don Juan...
Juan	Quitad el velo.

Celia   ...lo que hacéis; que soy yo.

(Descúbrese Celia y tápase luego.)

Juan   ¡Válgame el cielo!

Celia   Para haceros hoy dueño
                         de mi honor os busqué. De aqueste empeño
                         me sacad; que ya veis que, si he venido
                         aquí, solo en confianza vuestra ha sido.
                         Nada deciros quiero.
                         Mi hermano es, mujer yo, y vos caballero.

Juan   ¡Cielos! ¿En qué me miro?

Félix (Aparte.)   (Nuevo semblante ya en don Juan admiro.
                         ¿Quién será esta embozada
                         que le asombra tapada y destapada?)

Juan (Aparte.)   (¿Qué debo yo hacer aquí
                         en tan fiera, en tan tirana
                         ocasión como me vi?
                         Celia, de Félix hermana,
                         viene a valerse de mí;
                             Félix, buscando a un traidor,
                         para alentar con valor
                         su venganza y mi venganza,
                         puso en mí la confianza
                         de su vida y de su honor.)

Félix   Grande confusión ha sido
                         la que hoy en vos ha infundido
                         esa dama.

Juan	Sí lo es;
	y tan grande que, después
	de haberla vos prevenido,
	la habéis de hallar, os prometo,
	mayor que la imagináis;
	porque no cabe en conceto
	humano lo que miráis,
	que solo cabe en su efeto.
Félix	Pueda yo, don Juan, tener
	parte en tal pena, por ver
	si en ella os puedo servir.
Juan	Ni yo os lo puedo decir,
	ni vos lo podéis saber.
Félix	¿No soy vuestro amigo?
Juan	Sí.
Félix	¿Y no soy noble?
Juan	También.
Félix	Pues fiaos, don Juan, de mí.
Celia (Aparte.)	(Don Juan, mirad que no es bien
	que yo...)

(Dentro don Diego.)

Diego	Abrid, don Juan, aquí.

Juan	Éste es don Diego.
Diego	Abrid, pues.

Juan (Aparte.)	(Fuerza es preguntar quién es
	esta dama; y si la mira
	Lisarda, hará su mentira
	verdad. Con esto después,
	   si satisfacerla quiero
	con decir quién es —¡hoy muero,
	que está su hermano delante!—,
	seré, por ser buen amante
	ahora, mal caballero.
	   Y así nadie la ha de ver.)
	Don Félix, esta mujer
	he de encubrir de Lisarda.
	Que este aposento la guarda
	a nadie deis a entender.
	   Entraos, mi señora, ahí.

Celia (Aparte.)	(¡Duélase el cielo de mí!)
(Éntrase Celia.)	
Félix	¿Queréis que entre a estarme yo con ella?
Juan	No, por Dios, no, don Félix.
(Dentro.)	
Diego	¿No abrís aquí?

Juan	Ya está abierto.

(Abre don Juan y salen don Diego y criados.)

Diego	¿Qué es aquesto,
	don Juan? ¿Qué? ¿Todavía andas
	lleno de locos discursos,
	de imaginaciones varias?
	¿Dónde está aquese criado?
Juan	Señor, cuando le buscaba
	aquí, se había ya salido
	con alguna llave falsa.
Diego	Tú te disculpas con eso,
	por no empeñarme a mí en nada;
	y haces mal, porque de nadie
	puedes fiarte con tanta
	satisfacción.
(A Félix.)	Perdonad,
	caballero; que, aunque haya
	de fiarse de vos don Juan,
	puedo con tal confianza
	hablar.
Félix	Podéis con razón,
	y nadie verdad tan clara
	negará; pero el buscarme
	don Juan es por otras causas
	que a mí en hallar a don César
	también hoy, señor, me alcanzan.
Diego	Pues decid qué habéis sabido

los dos; que ya es excusada
diligencia aquí encubrirme
el criado.

Juan   Si mi palabra
te doy de que, cuando entré
a buscarle, aquí no estaba,...

Diego   ¿Cómo, si aquesos criados
nunca de la puerta faltan,
pudo salir? Id, a ver
si se oculta dentro en casa,
por esa puerta, y nosotros
por esotra.

(Vanse los criados.)

Félix   ¡Tente!

Juan   ¡Aguarda!

(Se acerca don Diego a la puerta donde está escondida Celia. Don Juan y
don Félix lo detienen. Por la otra puerta salen Lisarda y Beatriz y se quedan
cerca de la puerta.)

Lisarda   En fin, ¿no pudo salir?

Beatriz   No, señora, porque estaban
los criados a la puerta
con mil prevenciones y armas.

Lisarda   ¡Uh, permita la Fortuna
que bien de este empeño salga!
Si así teme una inocente,

136

¿cómo teme una culpada?

Diego   ¡Vive Dios, que he de ser yo
aquí el primero que haga
diligencias de saber...!

Juan   ¿Quién dice que no las hagas?
Mas ya este cuarto está visto;
miremos toda la casa.

Lisarda (Aparte.)   (¿Mirar la casa? ¡Ay de mí!
Sin duda a saber alcanza
algo. Apuremos el caso.)
Señor, ¿tú das voces tantas?

Diego   ¿A qué has venido tú aquí?

Lisarda   A ver qué es esto en que andas.

Diego   En busca de un hombre.

Lisarda (Aparte.)   (¡Ay cielos!)

Diego   Y este aposento me guardan
más que todos, y he de verle.

Juan   No has de entrar aquí.

Félix   Repara
que...

Diego   Los dos me lo estorbáis
por conseguir la venganza
sin mí. ¡Apartaos, por Dios!

¡Qué resistencia tan vana!
¿Quién está aquí?

(Se acerca a la puerta. Sale Celia.)

Celia   Una mujer
                     infeliz y desdichada.
(Aparte.)   (Aquí, cielos soberanos,
                     echó el resto mi desgracia.)

Félix (Aparte.)   (Muriendo estoy por saber
                     quién es aquesta tapada.)

Diego   Por cierto, señor don Juan,
                     que no os merece mi casa
                     tan poco respeto como
                     guardáis en ella a Lisarda.
                     ¿Una mujercilla dentro
                     de su cuarto? ¡Enhoramala!
                     ¿Harto Madrid no tenéis?

Juan   ¿Yo mujer? Señor, repara...

Lisarda   Mira, don Juan, si fue todo
                     cuanto dije verdad clara.
                     Tú no has visto, por lo menos
                     —en vano se alienta el alma—
                     al escondido que dices,
                     y yo he visto la tapada.

Juan (Aparte.)   (Ni hablar puedo ni callar.)

Lisarda   Señora, el embozo basta;
                     que he de saber quién me hace

este pesar en mi casa.

Juan (Aparte.)   (Pues no lo perdamos todo.)
(A Lisarda.)   Tente; que no has de mirarla.

Lisarda   ¿Tú la defiendes?

Juan   Es fuerza.

Celia (Aparte.)   (¿Hay mujer más desdichada?)

(Dentro Castaño.)

Castaño   Toma esta puerta, porque
                      por ella, Otáñez, no salga.

(Dentro don César.)

César   Sí saldré.

Juan   ¿Qué ruido es éste
                      en el cuarto de Lisarda?

Diego   Con un empeño se olvida
                      otro, según los que andan.

(Sale Otáñez.)

Otáñez   Señor, el hombre que buscas
                      hallamos. Sacó la espada
                      para hacer paso con ella
                      por donde a la calle salga.

(Sale don César cubierto el rostro con la capa y la espada desnuda.)

Diego	Dime, ¿es aquéste, don Juan, el criado que buscabas?
Juan	No, señor; otro hombre es éste. Bien el talle, el brío, las galas dan a entender que no es el que encerrado quedó en casa.
Celia (Aparte.) (Aparte a César.)	(Éste es don César.) Señor, mi vida y la tuya ampara.
Diego	Hombre que de tanto honor la reputación agravias, ¿quién eres?
César	Un hombre soy.
Diego	Quita del rostro la capa.
César	No puedo; porque encubierto, sin que me veas la cara, me has de dar la muerte aquí en la defensa bizarra de esta mujer. Ella y yo habemos de aquesta casa de salir, si con mi muerte mis intentos no se atajan.
Diego	¿Qué mujer?
César	Esta mujer; que yo no digo Lisarda;

ni la conozco ni sé
quién es. Y si esto no basta
para que segura quede,
habré de llevarme a entrambas.

Diego   Hombre, demonio, o quien eres,
aunque en algo satisfagas
esta sospecha, conviene,
para que quede asentada,
el que sepamos quién eres.

César   Aquésa es pretensión vana
por ahora.

Juan   También lo es
que sea tal tu arrogancia
que pienses que entre nosotros
te has de llevar esa dama,
sin que sepamos por qué
y cómo en aquesta casa
estáis tú y ella?

César   No puedo
decirlo.

Félix   Pues las espadas
harán bocas en tu pecho
por donde la verdad salga.

(Disparan dentro.)

Lisarda   ¿Qué pistola es ésta, cielos?
¿Aun los sustos no acaban?

César	Ésta es la seña que espero.
Diego	Ninguno allá fuera salga.
	Deteneos, caballeros.
	Hombre, yo te doy palabra
	de ampararte y de valerte
	si de estas dudas me sacas.
César	¿Dasme esa palabra?
Diego	Sí.

(Desembózase don César.)

César	Don César soy. ¿Qué os espanta?
Diego	¿Tú diste muerte a mi hijo?
Félix	¿Tú me robaste a mi hermana?
Juan	¿Tú en casa estás de mi prima?
César	Sí; pero a ninguno agravia
	mi valor. Si a don Alonso
	di muerte, fue cara a cara,
	riñendo solo con él;
	si en casa estoy de Lisarda,
	es porque me dejó Celia
	oculto en aquesta sala;
	y, si esto de Celia digo,
	es porque no importa nada,
	que casado estoy con ella,
	que es esta misma tapada.
	Y si estas satisfacciones

para tus quejas no bastan,
yo he de salir; que ya tengo
quien me guarde las espaldas;
que esa pistola es la seña
de la gente que me aguarda.

Félix   Cuando no hubiera ninguno,
César, yo solo bastara;
que, siendo mi hermano ya,
es obligación hidalga.

Juan   Yo soy, don Félix, tu amigo;
mas por don Diego mi espada...

Diego   Yo la palabra le di
y he de cumplir mi palabra.
Mas decid ¿dónde estuvisteis
escondido en esta casa?

(Sale Mosquito de la escalera.)

Mosquito   Eso yo lo he de decir.
Aquí estuvo.

Diego   ¡Cosa extraña!

Beatriz   ¿Hurtásteme tú el vestido?

Mosquito   Y el azafate y las cajas.

Diego   Con cuyo gran desengaño
aquí la comedia...

Mosquito   Aguarda;

que falta el decir ahora
a todos una palabra;
y es, porque nada se ignore,
que don Félix, concertada
la parte de aquella muerte,
que fue de tanta importancia,
a pagar de su dinero
quedó libre; con que acaba,
por empeño escrita, El
escondido y la tapada.

Fin de la comedia

Libros a la carta

A la carta es un servicio especializado para

empresas,

librerías,

bibliotecas,

editoriales

y centros de enseñanza;

y permite confeccionar libros que, por su formato y concepción, sirven a los propósitos más específicos de estas instituciones.

Las empresas nos encargan ediciones personalizadas para marketing editorial o para regalos institucionales. Y los interesados solicitan, a título personal, ediciones antiguas, o no disponibles en el mercado; y las acompañan con notas y comentarios críticos.

Las ediciones tienen como apoyo un libro de estilo con todo tipo de referencias sobre los criterios de tratamiento tipográfico aplicados a nuestros libros que puede ser consultado en Linkgua-ediciones.com.

Linkgua edita por encargo diferentes versiones de una misma obra con distintos tratamientos ortotipográficos (actualizaciones de carácter divulgativo de un clásico, o versiones estrictamente fieles a la edición original de referencia).

Este servicio de ediciones a la carta le permitirá, si usted se dedica a la enseñanza, tener una forma de hacer pública su interpretación de un texto y, sobre una versión digitalizada «base», usted podrá introducir interpretaciones del texto fuente. Es un tópico que los profesores denuncien en clase los desmanes de una edición, o vayan comentando errores de interpretación de un texto y esta es una solución útil a esa necesidad del mundo académico.

Asimismo publicamos de manera sistemática, en un mismo catálogo, tesis doctorales y actas de congresos académicos, que son distribuidas a través de nuestra Web.

El servicio de «libros a la carta» funciona de dos formas.

1. Tenemos un fondo de libros digitalizados que usted puede personalizar en tiradas de al menos cinco ejemplares. Estas personalizaciones pueden ser de todo tipo: añadir notas de clase para uso de un grupo de estudiantes, introducir logos corporativos para uso con fines de marketing empresarial, etc. etc.

2. Buscamos libros descatalogados de otras editoriales y los reeditamos en tiradas cortas a petición de un cliente.